장 루이 스카의
탈출기 이야기

장 루이 스카의 탈출기 이야기

2024년 1월 8일 교회 인가
2024년 4월 3일 초판 1쇄 펴냄

지은이 · 장 루이 스카
옮긴이 · 이인섭
펴낸이 · 정순택
펴낸곳 · 가톨릭출판사
편집 겸 인쇄인 · 김대영
편집 · 김소정, 강서윤, 박다솜
디자인 · 이경숙, 강해인, 송현철, 정호진
마케팅 · 안효진, 황희진

본사 · 서울특별시 중구 중림로 27
등록 · 1958. 1. 16. 제2-314호
전자우편 · edit@catholicbook.kr
전화 · 1544-1886(대표 번호)
지로번호 · 3000997

ISBN 978-89-321-1895-6 03230

값 28,000원

IL LIBRO DELL'ESODO

장 루이 스카의

탈출기 이야기

장 루이 스카 지음 | 이인섭 옮김

가톨릭출판사

일러두기

• 이 책에 달린 각주는 옮긴이가 독자의 이해를 돕기 위해 붙인 것입니다.

머리말

20세기 성서학자 조르주 오조Georges Auzou는 1961년 프랑스에서 출판한 탈출기 주석서의 제목을 《노예 상태에서 섬김으로*Dalla servitù al servizio*》라고 지었다. 창세기에 이은 오경의 두 번째 책이자, 이스라엘과 그리스도인들의 믿음을 이루는 기초가 되는 탈출기를 다룬 책으로서 이만큼 잘 어울리는 제목을 찾기는 힘들 것이다. 그 이유는 두 가지로 설명할 수 있다.

첫째, 이 제목은 이스라엘이 고통스러운 노예 상태에서 하느님을 섬기는 민족으로 거듭나는 여정을 잘 묘사하고 있다.

둘째, 이 제목에 있는 단어 중 실제로 노예 상태를 의미하는 '세르비투Servitù'와 '봉사'를 의미하는 '세르비지오Servizio'는 서로 밀접한 관련이 있다. 이 두 단어에는 모두 '섬기다servire'의 의미가 있기 때문이다. '섬기다'라는 동사에는 '(하인이 주인을) 모시다', '~를 시중드는',

'일하다', '숭배하다'라는 뜻이 있다. 실제로 탈출기 역시 이 단어가 내포한 다양한 뉘앙스를 모두 재현한다. 명사 '섬김'에도 '노예 상태', '예속 상태', '봉사', '일', '수고', '예식', '숭배' 그리고 '전례'라는 뜻이 있어 이 또한 모두 탈출기의 이야기를 구성한다.

셋째, 《노예 상태에서 섬김으로》라는 제목은 이집트에서 노예 상태에 있었던 이스라엘 백성이 광야에서 주님을 섬기게 된다는 본질적 의미를 내포한다. 탈출기에서 일어나는 사건들은 앞에서 설명한 두 단어의 의미 안에서 수렴한다. 무엇보다도 중요한 것은 이스라엘이 단순히 노예 상태에서 자유로 옮겨 가는 것이 아니라, 그들이 얻은 이 자유가 즉각적인 '섬김'으로 해석된다는 점이다. 실제로 이는 탈출기에서 이야기하는 '자유'에 의미와 목적을 부여한다. 이스라엘의 자유는 '누군가를 위한' 자유다. 이 자유의 메시지 중 하나는 이스라엘이 자유를 부여하신 하느님께 충실할 '때에만' 진정한 자유를 누린다는 점이다. 물론, 그들은 얼마 지나지 않아 '금송아지'(탈출 32장 참조)와 같은 다른 존재를 섬기려는 유혹을 받을 것이다. 하지만 다른 우상을 섬기는 것은 하느님께 선물받은 자유를 잃어버리고 다시금 또 다른 노예 상태에 빠지는 것을 뜻한다. 그럼에도 이스라엘은 약속된 땅에 도착하기 훨씬 전에 하느님이 아닌 다른 것보다 더 높은 곳, 즉 하느님을 바라봄으로써 자유를 되찾고 그분께서 함께 계신 광야에서 한 나라를 이루게 된다.

노예 상태에서 섬김의 상태로 넘어가는 이 점진적 과정, 그리고 해방하시는 하느님을 섬기는 자유를 향한 오랫동안의 훈련은 분명 탈출기 내에서 하나의 실마리를 구성한다. 또한 탈출기는 이 가운데 이스라엘 백성이 어떻게 탄생했는지도 전한다.

창세기는 세상의 기원에 대해 말하고(창세 1-11장 참조), 이스라엘의 조상인 아브라함, 이사악, 야곱과 그의 열두 아들에 관해 이야기한다(창세 12-50장 참조). 요셉과 그의 형제들 이야기(창세 37-50장 참조)는 탈출기 첫 부분에서 이스라엘의 조상들이 왜 이집트에 있었는지를 설명한다.

탈출기는 창세기와는 달리 더 이상 한 가족이 아닌, 수많은 사람들로 이루어진 민족이 되는 것으로 시작한다. 이러한 측면에서 "이스라엘의 자손들"(탈출 1,7 참조)이라는 표현이 새로운 의미를 내포함을 주목해야 한다. 사실 여기서 '이스라엘'은 하느님께서 야곱에게 새로 지어 주신 이름으로, 그 이름을 지닌 야곱의 열두 아들, 즉 '이스라엘의 자손'에 관해 이야기하는 것이다. 그러므로 이때까지는 아직 어느 단출한 가족의 이야기에 지나지 않았다고도 볼 수 있다. 하지만 파라오가 이스라엘 백성에 대해 이야기할 때(탈출 1,9 참조), 이는 분명 야곱과 그의 아들들의 후손, 곧 모든 이스라엘 사람을 지칭한 것이었다. 따라서 창세기가 어느 한 가족의 이야기를 전했다면, 탈출기는 '이스라엘'이라는 백성이 탄생한 이야기를 전해 주는 것이다.

이스라엘 백성의 시작을 묘사한 탈출기 이야기는 여타의 민족 탄생 설화와는 철저히 구분된다는 사실을 인지할 필요가 있다. 일반적으로 한 민족의 이야기는 그 민족이 독립하고, 영토를 얻고 그 위에서 자체적 제도를 마련할 때 시작된다. 예를 들어 고대의 많은 건국 이야기에서는 어떤 왕조를 세운 이가 하나의 도시, 마을 혹은 영토를 정복하는 이야기를 다룬다. 하지만 이스라엘의 역사는 이러한 방식으로 시작되지 않는다. 그들의 첫 임금이었던 사울, 다윗 그리고 솔로몬이 필리스티아에 대해 승전을 했다거나 예루살렘을 정복했다는 사실에서 시작하지 않고, 이집트에서 막 나온 이후의 시나이 광야에서 시작한다. 분명 이때의 이스라엘은 아직 영토를 소유하지 못했고 왕정도 갖추지 못했다. 하지만 그들은 의심의 여지없이 더욱 본질적인 어떤 무엇인가, 곧 영토의 상실과 왕조의 패망 이후에도 끝까지 살아남았던 무엇인가를 갖고 있었다. 그러나 이는 안타깝게도 먼 훗날 일어날 바빌론 유배 이후에야 깨닫게 될 것이다. 사실 이스라엘은 이미 탈출기 안에서 주님께서 주신 모든 것을 갖고 있었다. 즉 계약, 율법, 삶의 지혜, 그리고 자유를 얻은 백성으로서 해방하시는 하느님을 자유롭게 숭배할 수 있는 특권을 갖는 것이다.

그러므로 탈출기는 건국 이야기라고도 할 수 있다. 실제로 이스라엘은 탈출기에서 영토와 왕조 그리고 조직 권력에 버금가는 국가 존재의 필수 요소를 발견한다. 그것은 무엇인가? 바로 이스라엘의 정체성과 본질의 근원인 하느님이시다. 하느님께서는 분명 그들의 유일무이하고도 진정한 통치자가 되실 것이며, 또 그분만이 합당히 그러실 수 있다. 이스라엘은 이를 생생히 경험할 것이며, 때로는 이를 위해 값을 치르기도 할 것이다. 주님의 존재, 해방하시는 하느님의 존재는 한편으로는 구체적인 현실 안에서, 곧 모세의 법과 지성소에서도 드러난다. 모세의 법은 백성들이 어떻게 행동해야 할지에 대한 현실적인 경계선을 정한다. 이 경계선은 하느님의 백성이 될 수 있는 사람과 여기서 배제되어야 할 사람을 규정하기 때문이다. 유다계 독일 시인인 하인리히 하이네Heinrich Heine(1797~1856년)가 말했듯이, 이스라엘에게 법(히브리어로 '토라Torah')은 하나의 '움직이는 고국'과 같았다. 성소와 예식을 위한 제도는 이스라엘의 유일한 주인이 누구이며, 진정 경배받을 자격이 있는 분이 누구인지를 상기시키기 위해 존재한다. 그분은 다름 아닌 하느님이시다. 이스라엘이 하느님께 자유로운 백성으로 존재할 수 있는 빚을 지고 있기 때문이다.

이집트 탈출, 율법, 계약, 예식은 모두 하나의 인물, 곧 하느님과 백성 간의 유일한 중재자였던 모세로 거슬러 올라간다. 모세는 이스라엘의 진정한 설립자로서, 이스라엘 백성의 모든 근본적인 제도는 모세에게서 출발한다. 따라서 모세가 이스라엘 백성의 정체성과 생존에 필수 불가결한 것으로 여기는 모든 법과 제도의 근원이 되는 인물이라고 말할 수 있다. 앞으로 살펴보겠지만, 이것은 역사적 연구의 열매라기보다는 북이스라엘 왕국과 남유다 왕국의 종말, 바빌론 유배 등 백성들의 불행한 경험을 고려한, 수 세기에 걸친 성찰의 결과다. 역경 가운데서도 오늘날까지 이어진 이스라엘의 본질적인 법과 제도에는 어떤 의미가 있을까? 탈출기는 이에 대한 해답을 품고 있다.

이 모든 것은 우리에게 하느님 체험과 해방의 경험 사이의 떼려야 뗄 수 없는 관계를 이루는 탈출기의 의미를 확신하게 해 줄 것이다. 바오로 사도는 갈라티아 신자들에게 보낸 서간에서 이를 반복한다. "그리스도께서는 우리를 자유롭게 하시려고 해방시켜 주셨습니다. 그러니 굳건히 서서 다시는 종살이의 멍에를 메지 마십시오."(갈라 5,1) 또한 탈출기에서는 해방의 경험과 모세의 법에서 요구하는 사항이 불가분의 관계로 나타난다. 이스라엘이 이집트에서 탈출한 것은 파라오의 폭정을 다른 폭정으로 대체한다거나 무정부 상태로 대체함을 뜻하지 않는다. 이스라엘은 다름 아닌 법과 규정의 길을 따르면서 폭정에서 해방되는데, 이 법은 탈출기의 이야기에 나오듯이 자유를 보존하고 증진하기 위한 진정한 수단인 것이다. 다시 바오로 사도의 관점을 인용해 보자. "형제 여러분, 여러분은 자유롭게 되라고 부르심을 받았습니다. 다만 그 자유를 육을 위하는 구실로 삼지 마십시오. 오히려 사랑으로 서로 섬기십시오."(갈라 5,13)

하느님께서는 서로 너그러이 '섬기는 삶'을 살도록 이스라엘 백성을 해방하셨다. 이는 법에 대한 존중을 바탕으로 자유롭게 섬기며 정의롭고 평등한 사회를 건설하는 것을 의미한다. 오늘날 우리의 민주주의 또한 궁극적으로는 이 경험을 물려받은 것이다. 철학자 바뤼흐 스피노자Baruch Spinoza(1632~1677년)가 언급했듯이, 모세는 파라오의 자리를 취하지 않았고, 법으로 이를 대체했다. '마치 민주주의에서 그러하듯이.'

옮긴이의 말

누군가를 사랑하면 그 사람에 대해 더 알고 싶어진다. 그 사람은 어디서 태어났을까, 좋아하는 것은 무엇일까, 지금은 무엇을 하고 있을까 등등……. 나는 이곳에 있지만 모든 일상이 그 사람을 중심으로 돌아간다. 보이지 않는 그 사람에게로 시선이 쏠리는 체험, 이것이 사랑의 감정일 것이다. 성경을 알고 싶어 하는 모든 이도 그렇지 않을까? 성경을 알고 싶다면 이미 그 사람은 성경을 사랑하는 것이다. 사랑하기에 알고 싶어 하는 것이지 그 반대일 수는 없다. 무엇보다도 주님께서는 우리가 성경을 사랑하길 바라신다. 그렇기 때문에 성경을 알고자 이 책을 펴는 모든 이는 이 책을 옮긴 이보다 성경을 더 많이 알고 있다. 다만 그 사랑을 보태는 데 이 책이 조금이라도 도움이 되기를 바랄 뿐이다.

구약 성경 연구에 세계적 명성을 지닌 장 루이 스카는 이 책을 통해 성경을 알고 싶어 하는 모든 사람이 성경을 더 사랑할 수 있도록 이끌어 주고자 한다. 이 책은 이해하기 쉽지 않은 어려운 학술적 개념을 다루면서도, 전공자가 아닌 사람도 이해할 수 있도록 쉬운 표현으로 풀어 쓴 흔적이 전반적으로 묻어나 있다. 따라서 바둑 유단자가 되기 위해 기원에서 씨름하는 사람과 같은 학자들도, 소소하게 바둑을 즐기는 애호가와 같은 사람들도 모두 이 책에 만족할 수 있다. 한편으로 탈출기를 마주한 이가 품을 수 있는 질문, 예를 들어 "하느님께서는 왜 파라오의 마음을 완고하게 하셨을까?", "불타는 떨기나무에서 하느님께서 말씀하신 '나는 있는 나다.'의 뜻은 무엇일까?", "구약 성경의 딱딱한 법조문을 어떻게 받아들여야 할까?" 등과 같은 여러 의문점을 해소하는 열쇠도 발견할 수 있을 것이다. 무엇보다도 이 책은 한 가지 사실을 확신하게 한다. 가장 절망적인 순간에서조차도 하느님께서 우리와 함께하신다는 사실이다. 이집트 군대에 쫓기는 가운데서도, 빵과 물이 없는 척박한 광야 가운데서도 하느님께서는 우리와 함께 계시며 함께 움직이신다. 탈출기의 이 메시지는 오늘날 우리의 일상적인 삶 가운데서도 계속되고 있다.

2024년 이탈리아 로마에서

이인섭 아우구스티노 신부

목차

머리말 5

옮긴이의 말 12

제1장 탈출기를 읽기 전에 알아야 할 것들

탈출기의 본질은 무엇인가 21

탈출기의 원천 25

탈출기의 고대 필사본 33

제2장 탈출기가 이야기하는 것은 무엇인가

탈출기의 핵심 — 나일강에서 시나이산까지 39

탈출기의 실마리 — 이스라엘의 주님은 누구이신가? 42

제3장 탈출기 안에서 조화를 이루는 목소리

복합적 본문에 대한 예시 54

사제계 저자의 문체 58

대중적 이야기의 특징 63

제4장 탈출기에 쓰인 법의 세계와 그 특징

법의 세계 72
전례에 관한 법 78

제5장 첫 번째 주제 — 이스라엘의 주님은 누구이신가?

"나는 주 너의 하느님이다." 83
파라오가 저지른 죄의 본질 84
모세의 사명이 시작되다 88
파라오의 거부와 하느님의 응답 91
'표징과 기적' 그리고 최종적인 심판 93

제6장 두 번째 주제 — 완고한 파라오와 이집트 재앙

하느님의 진정한 승리 102
하느님 중심의 세계 103
하느님의 말씀은 항상 유효하다 105
파라오의 제한적인 힘 106

이집트 재앙 이야기의 구성 108
재앙 이야기의 독특한 특징 114

제7장 세 번째 주제 — 하느님과 모세

하느님의 부르심과 모세의 회피 121
"나는 있는 나다."(탈출 3,14)의 의미 127
하느님과의 관계가 회복될 수 있을까? 130

제8장 네 번째 주제 — '갈대 바다의 기적'에 대한 해석

갈대 바다의 기적을 이루는 세 단계 141
물이 갈라지다 145
두려움과 진정한 믿음 148

제9장 다섯 번째 주제 — 광야에서 누구에게 의존할 것인가?

만나와 메추라기 154
물이 솟아난 기적 — 하느님의 선물 159
광야에서 아말렉의 위협을 받다 161
광야에서의 어려움이 말하고자 하는 것 165

제10장 여섯 번째 주제 — 이스라엘 한가운데 내 천막을 세우리라

하느님께서 머무시는 곳 169
그분의 성전을 어디에서 찾을 것인가? 175

이스라엘 백성의 천막에 함께하시는 주님 177

제11장 일곱 번째 주제 — 탈출기의 법전을 어떻게 읽어야 할까?

구약과 신약 — 다름 가운데의 연속성 183
구약 성경의 법의 본질 186
구약 성경의 법의 본질을 보여 주는 예시 189
고소할 것인가, 타협할 것인가 194

제12장 여덟 번째 주제 — 시나이산과 하느님

시나이산의 하느님 199
하느님의 현현과 십계명 201
하느님을 드러내는 이미지들 207
정의와 공정은 하느님 어좌의 바탕 209

제13장 아홉 번째 주제 — 하느님과 맺은 계약

하느님의 식탁에 앉은 이들 216
말씀의 예식과 계약 220

제14장 탈출기를 받아들인 방식 — 구약과 신약, 그리고 그 밖의 문화에서

구약 성경에서의 탈출기 227
신약 성경에서의 탈출기 228
유다교에서의 탈출기 231

그리스도교 주석에서의 탈출기 240
코란에서의 탈출기 245

제15장 탈출기와 유럽 문화

첫 번째 예 — 십계명 250
문학 작품에서 나타나는 탈출기 252
그림과 조각 작품에서 나타나는 탈출기 257
음악에서의 탈출기 263
영화에서의 탈출기 267

맺음말 270
탈출기에 관한 참고 문헌 목록 273

제1장

탈출기를 읽기 전에 알아야 할 것들

이집트에서 강제 노역을 하는 이스라엘 백성.

에드워드 존 포인터(Edward John Poynter), 1867년.
캔버스에 유채, 137.2 × 317.5 cm.
길드홀 미술관, 런던, 영국.

탈출기의 본질은 무엇인가

많은 고대 작품은 익명으로 기록되어 있다. 이는 개인이 쓴 것이 아니라 여러 사람이 하나의 전승을 성찰한 결과물이기 때문이다. 고대 작품들의 주된 목표는 원전으로서의 가치나 개인적인 창작물로 인정받는 것도 아니고, 일어난 사건을 문자 그대로 전달하는 데에 있지도 않다. 이와 같은 작품들의 첫째 목표는(탈출기도 여기에 해당한다) 하나의 전승을 연구하고 가능한 더욱 충실한 방식으로 이를 전달하는 데 있다. 전승에 대한 충실함은 역사적 사실이나 이런 작품을 한 사람의 능력만으로 창조하는 천재성보다 우선시된다. 우리가 탈출기에 대해 던질 수 있는 모든 질문은 이 근본적인 사실을 고려해야 한다.

오늘날 독자들은 탈출기의 저자가 누군지 알고 싶어 할 것이다. 또 노예 상태에 있던 이스라엘인들이 정확히 어떤 파라오 통치 아래에 있다가 이집트에서 탈출했는지, 혹은 어느 역사적 시기에 시나이 현현이 일어났는지, 또는 시나이산을 오늘날 어느 광야에서 찾을 수 있는지 알고 싶어 할 것이다. 이러한 질문뿐만 아니라 다른 여러 질문을 해 볼 수 있을 테지만, 오늘날 우리가 답변을 얻기는 어려울 것이다. 어쩌면 해결되지 않은 채로 영원히 남아 있을지도 모른다. 사실 이러한 질문들에 대한 답을 탈출기 내에서 찾는 것도 쉽지 않다. 만일 이에 대해 비유를 들라고 하면 맥주를 포도주 상인에게서 찾는 격이라 할 것이다. 이를 찾는 것이 불가능하지는 않지만, 그 성공은 우연에 가깝다. 훌륭한 포도주를 만들 수 있는 포도주 상인에게는 맥주보다는 포도주를 청하는 것이 낫다. 그렇다면 탈출기가 우리에게 줄 수 있는 것은 무엇일까? 또한 탈출기는 어디에서 유래되었으며, 무엇을 위해 존재하는지 알아볼 필요가 있다.

결론부터 말하자면, 탈출기는 이스라엘의 과거와 이집트에서의 기원, 혹은 광야에서의 정착에 관한 역사적 내용을 독자에게 세부적으로 알려 주려는 책이 아니다. 그보다는 과거의 전승에서 출발하여 세대를 거듭하여 전해져 내려온 전승으로부터 한 민족의 정체성을 '형성'한다. 따라서 탈출기는 독자의 현재, 곧 이스라엘 모든 세대의 과거 그 자체보다 '현재'에 더욱 관심을 둔다. 실제로 탈출기는 이를 여러 번 반복하는데, 이집트의 재앙에 관한 이야기(탈출 5-

11장 참조)에서의 신적 선언을 그 예로 들 수 있다.

주님께서 모세에게 말씀하셨다. "파라오에게 가거라. 그의 마음과 그 신하들의 마음을 완강하게 만든 것은 나다. 그것은 그들 한가운데에 나의 이 표징들을 일으키려는 것이고, 내가 이집트인들을 어떻게 다루었는지 그리고 내가 그들에게 어떤 표징들을 이루었는지 네가 너의 아들과 너의 손자에게 들려줄 수 있도록 하려는 것이며, 내가 주님임을 너희가 알게 하려는 것이다."(탈출 10,1-2)

주님께서는 이 구절을 통해 이스라엘의 하느님이신 당신의 현존을 파라오와 그 신하들에게 보여 주는 것에 그치지 않겠다고 말씀하신다. 진정 중요한 것은 하느님께서 당신 백성을 위해 실현하신 놀라운 일들을 기념하기 위해 이스라엘의 여러 세대에 걸쳐 전해질 이야기를 형성하는 것에 있다. 하느님의 업적은 하나의 이야기와 기억을 이루고, 이 기억은 이스라엘을 하느님의 백성으로 만든다.

이는 탈출기에서 나타나는 첫 번째 중요한 전례인 파스카 거행(탈출 12-13장 참조)의 목적이기도 하다. 이 전례는 구원의 위대한 사건을 재현하는 것으로, 구원의 사건을 지금 이 순간 '현존'하게 하려는 것이다. 파스카와 무교절 축제 동안 거행되는 예식은 현재를 형성함과 동시에 과거를 상기시킨다. 때때로 이를 '파스카 교리'라고 부르는데, 파스카 때 자녀가 부모에게 던지는 질문에서 비롯된 것이다.

"너희 자녀들이 너희에게 '이 예식은 무엇을 뜻합니까?' 하고 물으면, 이렇게 대답하여라. '그것은 주님을 위한 파스카 제사이다. 그분께서는 이집트인들을 치실 때, 이스라엘 자손들의 집을 거르고 지나가시어, 우리 집들을 구해 주셨다.'" 그러자 백성은 무릎을 꿇고 경배하였다.(탈출 12,26-27; 13,8 참조)

파스카 예식은 부모를 통해 자녀에게 전해진다. 부모가 자녀에게 생명을 전하듯, 이집트의 노예 상태에서 해방됨과 떨어질 수 없는 이스라엘 백성의 본질과 정체성도 전한다. 이집트 상황이 없었다면 이스라엘은 존재하지 못했을 것이기 때문이다.

탈출기의 이야기는 어느 역사적 기억의 사실 관계를 명확히 밝히려 한다거나, 어느 파라오 때, 또는 어느 왕정 때 이 사건이 일어났는지를 밝히려는 것이 아님을 다시 한번 강조하고자 한다. 탈출기 내 여타 사건은 명확하지 않으며 때로는 구체성이 극도로 부족해 보이기도 하다. 탈출기 속 파라오의 이름 역시 실제로 밝혀지지 않은 채로 남아 있다. 무엇보다도 탈출기의 이야기는 이스라엘이 이 세상에 속하지 않는 위대한 힘에 빚지고 있음을 보여 주기 위한 것이다. 이스라엘은 다름 아닌 그들의 주님, 즉 하느님께 그 기원을 빚지고 있다. "내가 주님임을 너희가 알게 하려는 것이다."(탈출 10,2) 그러므로 탈출기의 이야기는 기억하면 유익이 되는 신학적 차원을 지닌다. 또한 이스라엘 백성의 정체성을 물려받은 그리스도인들도 그리스도인의 정체성의 근본이 되는 탈출기의 구성에 대해 좀 더 구체적으로 질문을 던지는 것이 유익할 것이다.

탈출기의 원천

탈출기는 특정 저자를 언급하지 않는다. 이 책은 다양한 시기, 아마도 여러 세기를 거쳐 오면서, 고대 전승에서 출발하여 점차 개정, 수정, 보완, 완성되는 과정 가운데 형성되었을 것이다. 물론 탈출기의 형성에 관한 모든 역사를 재구성하기란 어렵다. 현재의 성경 자료만 접근 가능한 유일한 자료로 갖고 있기에 더욱 그렇다. 오늘날까지 성경이 아닌 다른 사료, 예를 들어 이집트 사료 등을 통해 탈출기와 관련된 내용이 정확히 언급된 부분을 찾으려는 시도가 있었지만 아직까지 발견되지 않았다. 그러기에 오직 탈출기에서 언급된 내용 중 몇몇 부분만을 고찰할 수 있을 뿐이다.

탈출기에 관한 가장 오래된 기록은 호세아서와 아모스서에서 찾을 수 있다. 이중 호세아서에서는 세 가지 중요한 요소가 인용된다.

첫째, 호세아서는 이집트에서의 탈출에 관해 이야기한다. "주님은 예언자를 통하여 이스라엘을 이집트에서 데리고 올라오고 이스라엘은 그 예언자를 통하여 보호를 받았다."(호세 12,14) 여기서 익명의 예언자는 모세를 상징하는 것으로 보아야 한다.

둘째, 호세아서는 광야에서의 체류를 긍정적으로 이야기한다. "나는 이집트 땅에서부터 주 너의 하느님이다. 축일 때처럼 나는 다시 너를 천막에서 살게 하리라."(호세 12,10; 13,5 참조)

셋째, 주님께서는 이미 이스라엘의 이집트 종살이 시절부터 이스라엘의 하느님이시라는 내용이다. "나는 이집트 땅에서부터 주 너의 하느님이다. 너는 나 말고 다른 신을 알아서는 안 된다. 나밖에 다른 구원자는 없다. 바로 내가 저 광야에서, 저 메마른 땅에서 너를 알았다."(호세 12,10; 13,4-5 참조)

하지만 흥미롭게도 호세아 예언자가 한 발언에서 시나이 현현은 물론 율법에 관한 암시를 찾아볼 수 없다. 호세아서는 기원전 8세기까지 그 기원을 거슬러 올라갈 수 있는데, 이는 북이스라엘 왕국 시기에 해당한다. 반면 호세아 예언자와 비슷한 시기에 살았을 것으로 추정되는 이사야 예언자는 예루살렘 출신이었다. 그는 남유다 왕국의 백성이었는데 이집트 탈출과 광야에서의 체류에 대한 어떠한 이야기도 하지 않는다. 따라서 광야에서의 체류 이야기 전승은 북이스라엘 왕국에서 기원했을 가능성이 있다.

남유다 왕국의 마을이자 베들레헴 남쪽의 트코아 출신인 아모스 예언자는 기원전 8세기 북이스라엘 왕국의 수도 사마리아에서 활동했는데, 그가 활동했던 시기는 호세아 예언자가 활동하기 조금 이전 시대였다. 아모스 예언자도 이집트 탈출에 대해 다음과 같이 언급한다. "이스라엘 자손들아, 주님이 너희를 두고, 이집트 땅에서 내가 데리고 올라온 씨족 전체를 두고 한 이 말을 들어라. 나는 이 땅의 모든 씨족 가운데에서 너희만 알았다. 그러나 그 모든 죄를 지은 너희를 나는 벌하리라."(아모 3,1-2; 9,7 참조)

아모스 예언자는 북이스라엘 왕국 백성들에게 더욱 의미가 있었던[1] 주제를 선택하여 이야기한다. 그는 하느님께서 이스라엘을 당신 백성으로 선택하신 순간인 이집트 탈출을 다시 한번 상기하는 것이다. 아모스 예언자는 무엇보다도 북이스라엘 왕국을 이집트 탈출 이야기에 나타나는 '이스라엘'이라는 맥락 안에 놓고자 한다. 실제로 다른 본문에서 그는 이집트 탈출과 광야에서의 체류를 모두 언급한다(아모 2,10; 5,25 참조).

시나이산에서 받은 선물인 율법에 대한 명백한 암시를 찾으려면, 연대를 대략 측정할 수 있는 느헤미야기(기원전 350년경 저술)를 주목해야 한다. "시나이산 위로 내려오시고 하늘에서 그들에게 말씀하시며 바른 법규와 진실한 율법과 좋은 규정과 계명을 그들에게 주셨습니다. 당신의 거룩한 안식일을 그들에게 알려 주시고 당신 종 모세를 통하여 그들에게 계명과 규정과 율법을 내리셨습니다."(느헤 9,13-14) 여기에 전제된 바는 다음과 같다. 이스라엘 민족에게 이미 율법은 오래전부터 존재했으나, 모세라는 중재자를 통해

1 북이스라엘 왕국은 탈출기 전승에, 남유다 왕국은 다윗의 왕정 전승에 더욱 관심이 많았다는 것이 후에 나올 저자의 설명이다.

시나이산에서 그 법이 주어졌다는 이야기는 이보다 후대에 생긴 전승이라는 점이다.

결과적으로 우리는 이집트 탈출과 광야에서의 체류라는 고대 전승이 상대적으로 더욱 가까운 시기인 기원전 8세기 이후의 북이스라엘 왕국에서 나타났음을 알 수 있다. 이보다 더 오래된 시기로 거슬러 올라갈 수 있을까? 일단은 어려워 보인다. 이미 언급했듯이, 그 어떤 이집트 사료도 탈출기에서 이스라엘인들에 대한 억압, 이집트가 맞은 재앙, 이스라엘의 이집트 탈출, 갈대 바다 횡단과 바다에 고립된 이집트 군대, 그리고 이스라엘인들의 광야 체류 등을 언급하지 않기 때문이다.

하지만 아주 오래된 어떤 이집트 사료 덕분에, 탈출기 이야기 중 어떤 측면은 이집트 세계의 지식에 기반을 둔다고 확증할 수 있다. 덕분에 탈출기와 이집트 사료 간에 유사성이 있음을 알 수 있다. 따라서 탈출기 이야기는 비록 철저히 역사적 사실에 기반을 둔 연대기는 되기 어렵겠지만, 그렇다고 순수한 허구의 결과물도 아님을 알 수 있다. 그 예로 이집트의 특정한 부조浮彫 사료는 탈출기 5장에 묘사되었듯이 벽돌을 만드는 장면이 묘사되어 있으며, 어떤 일꾼이나 노예들은 고대 근동 출신 정착민의 특징인 수염이 묘사되어 있다. 다른 문서, 예를 들어 고대 이집트의 아나스타시 IV, V, VI 파피루스는 기원전 1200년대에 이집트에서 살았던 셈족 공동체의 존재를 증언한다.

더 나아가, 이집트의 아나스타시 V 파피루스는 흥미로운 사실을 전한다. 이 파피루스에는 광야를 차지하기 위해 밤에 갈대 사이에 숨었던 두 노예의 탈출에 관한 이야기가 나온다. 이 문서가 쓰인 때는 기원선 1193년에 사망한 세티 2세의 왕국으로 거슬러 올라간다. 여기서 언급된 노예가 단 두 명이고, 그들의 기원을 알 수 없다는 사실에 주목해 보자. 사실 그들의 탈출 여정은 탈출기에 언급된 이스라엘 백성의 이동 경로와 비슷했다. 그렇지만 탈출기에 언급된 인원, 곧 "아이들을 빼고, 걸어서 행진하는 장정만도 육십만가량"(탈출 12,37 참조) 되는 수와는 상당히 거리가 있다.

역사적 고찰의 측면에서 볼 때, 모세에 관해서도 사정은 비슷하다. 사실 우리는 성경에 등장하는 모세라는 이 위대한 인물에 관해 조금밖에 알지 못하거나 거의 알지 못한다. 하지만 모세는 애초부터 창작된 인물은 아니었을 것이다. 모세라는 이름은 '~의 아들', '~로부터 태어난'이라는 뜻을 지닌, 아마도 축약된 이집트 단어[2]를 반영했을 가능성이 있다.

이러한 이름은 '람세스Ramses' 곧 '라Ra 신의 아들', '투트모스Thutmose' 곧 '토트Thot 신의 아들'을 의미하는 파라오들의 이름에서도 발견할 수 있기 때문이다. 만약 모세가 정말로 허구적 인물이라면, 이스라엘 백성이 이처럼 이집트식 이름을 그들의 가장 위대한

2 당시 이집트어 어근 'msj'에서 파생된 '모시스mosis'를 뜻한다.

예언자에게 직접 부여하지는 않았을 것이다.[3]

다른 세부적인 내용 역시 모세가 순수하게 창작되기에는 어려운 인물임을 보여 주며, 모세의 역사성에 의문을 품고 보는 이들의 시선에 반론을 제기한다.

예를 들면 모세의 아내는 이방 민족이었던 미디안 사람 치포라였다. 흥미롭게도 미디안 민족은 이스라엘과 적대 관계에 있었는데, 모세 자신이 다른 민족과의 혼인을 금지하는 법의 기원이 된다(탈출 2,21; 민수 12,1; 25,6.14-15; 신명 7,3; 판관 6,2-6 참조). 이것을 어떻게 이해해야 할까?

또한 모세가 마지막 순간 약속의 땅에 들어가지 못한 문제가 있다. 모세는 약속의 땅에 들어가기 전에 숨을 거두는데, 성경 본문은 어느 정도 이 민감한 문제를 이해할 수 있는 실마리를 제공하는 듯 보이지만, 결국 이 의혹을 완전히 해결하지는 않는다(민수 20,1-13; 신명 1,37; 3,26-27 참조).

이런 내용들은 한편으로는 탈출기를 이해하기 어렵게 만들지만, 다른 한편으로는 모세가 허구적 인물이 아니라는 생각에 정당성을 부여한다. 처음부터 구성이 완벽하게 짜인 이야기는 그 흐름이 자연스럽기 마련이며, 결말 또한 매끄럽기 때문이다.

---

3 만약 모세가 창조된 인물이라면, 이스라엘 백성이 그의 이름을 히브리어가 아닌 이집트 이름으로 짓지는 않았을 것이다. 따라서 모세는 실존 인물이었을 가능성이 높다는 의미다.

이스라엘인들의 광야 체류에 관한 부분은 아마도 목자 혹은 그곳을 잘 알던 안내자들에게서 전해진 전승일 가능성이 크다. 광야 체류 이야기에 등장하는 우물, 만남의 장소와 그에 얽힌 이야기를 알고 있던 이들이 바로 그들이었기 때문이다.

마찬가지로 이러한 이야기는 황폐한 광야라는 공간이 지닌 전형적인 문제를 다룬다. 실제로 광야 이야기에는 이곳에서 어떻게 물과 음식을 찾을 수 있는지, 여행자를 위협하는 다양한 위험 상황을 어떻게 이겨 내야 하는지, 또 어떻게 자신을 보호할 수 있는지에 관해 담겨 있다.

시나이산의 법은 하나의 특별한 문제를 제기한다. 예를 들어 성소 건립 부분의 자세한 내용은 실제로는 성경 내 이야기가 그리는 시기가 아닌, 후대의 현실, 즉 오경이 서술된 것으로 추정되는 기원전 9세기에서 6세기의 시대를 과거의 상황으로 투사하는 것으로 볼 수 있다. 이 본문과 에제키엘서의 언어와 내용에 존재하는 연관성은 이 이야기가 유배 후 늦은 시기의 자료임을 암시한다.

십계명 역시 그 자체로 하나의 질문을 던진다. 예를 들어 탈출기의 십계명은 신명기 5장에서 발견할 수 있는 십계명의 개정판처럼 느껴질 정도로 매우 비슷하다. 이 본문은 바빌론 유배에서 한참 뒤인 이스라엘인들의 본질과 기초에 대해 성찰한 공동체의 관심사를 반영하는 만큼, 후대의 본문들을 다룬 것으로 보인다. 물론 이 본문은 여전히 고대의 전승에 그 뿌리를 두고 있는데, 사회적 법령에 관한 두 번째 부분에서는 더욱 그렇다(호세 4,2; 예레 7,9 참조). 현재 우리가 보는 완성된 형태는 후대에 이르러 자리 잡은 것이고, 그 시기는 아마도 예루살렘과 예루살렘 성전 재건 이후로 보인다. 이 전승은 유일하신 하느님에 대한 신앙이자, 제2이사야서(이사 40-55장 참조)에서 드러나는 비극적 경험에서 얻은 열매, 그 결실로서의 믿음을 반영하기 때문이다.

이 본문에서 우리가 발견하는 법, 곧 '계약 법전'(탈출 21-23장 참조)이라 불리는 법들은 의심의 여지없이 탈출기에서 가장 오래된 부분을 구성한다. '법전'의 이름은 모세에 의해 이 법과 관련된 상황을 다루기 위해 쓰인 '책' 혹은 '계약 두루마리'에 대해 말하는 탈출기 24장 7절에서 유래한다. 특히 탈출기 21장 1절에서 22장 16절까지의 본문은 고대의 메소포타미아 법전들, 그 가운데 유명한 함무라비 법전(기원전 1750년경)과 연관이 있는데, 우리는 이를 통해 이러한 법 부분이 오래된 자료임을 깨닫는다.

계약 법전은 아마도 북이스라엘 왕국이 오랫동안 아시리아의 지배를 받았던 기원전 9세기 혹은 8세기 초에 서술된 것으로 추정된다. 다시 말해 법전 부분은 통치에 관한 본문들과 더불어 우리가 가진 자료 중 가장 오래되었으며, 이 법전은 이후에 다시 개정과 수정을 거듭하고 보완되어 사마리아의 몰락 이후 예루살렘에까지 전승되었을 것이다.

즉 탈출기에서 가장 오래된 부분은 이집트에서의 탈출과 광야에서의 체류 이야기, 그리고 법을 다룬 계약 법전(탈출 21-23장 참조) 부분이라고 할 수 있다. 그 후 우리는 이집트가 바빌론의 예표며 이집트 탈출을 유배의 종식을 예고하는 것으로 재해석하는 이야기, 즉 유배 이후에 쓰인 이야기를 접한다. 그리고 후대 이스라엘 백성이 바빌론 유배에서 귀환했을 때, 십계명에 관한 이야기가 편입되었을 것이다. 그보다 더 늦게 형성된 자료는 성소 건설과 그 기물들에 관한 규정을 이야기하는 부분(탈출 25-31장 참조)이고, 성소 건설을 구체적으로 실행하는 업무에 관한 본문(탈출 35-40장 참조)은 더욱 이후의 시기에 형성된 것으로 보인다.

탈출기의 고대 필사본

이제는 우리에게 전해진 탈출기의 필사본에 관해 이야기해 보고자 한다. 현재 우리가 갖고 있는, 모든 내용이 담긴 탈출기의 완성된 히브리어 본문은 1008년 혹은 1009년의 필사본인 '레닌그라드 사본'에서 유래되었는데, 이 사본은 '상트페테르부르크 사본' 혹은 '상트페테르부르크 필사본'으로도 불린다. 천 년이 조금 넘은 사본이지만 여기에 기록된 전승은 처음 기록되었던 때와는 시기상으로 멀리 떨어져 있다.

또한 완전한 형태가 아닌, 탈출기 두루마리의 일정 분량 조각들은 사해의 쿰란에서 발견되었다. 이는 기원전 150년부터 기원후 70년 사이에 편집되었으며, 가장 오래된 전승을 담고 있을 가능성이 있는데, 세부적인 부분에서는 상트페테르부르크 사본의 히브리어 본문과 차이를 보인다. 한편 탈출기의 그 어떤 완전한 필사본도 쿰란 혹은 다른 곳에서 발견된 적이 없다.

이에 더하여 사마리아 오경[4]이 있다. 이 사본은 그 기원이 12세기에까지 거슬러 올라가는 가장 오래된 필사본이다. 사마리아 오경은 상트페테르부르크의 사본인 이른바 마소라 본문[5]의 오경과 세부적인 면에서 차이를 나타낸다. 여기에서 발견되는 차이점은 약 6천 개 정도로 보이는데, 사실상 한 구절당 하나의 차이가 존재하는 셈이다. 이중 탈출기에 한정하여 보았을 때 두 개의 인상적인 차이점이 있다.

첫 번째는 이집트 재앙에 관한 것이다. 사마리아 오경의 이야기는 마소라 본문보다 더욱 길게 구성되어 있다. 마소라 본문에서는 종종 생략이 이루어지는데, 특히 하느님께서 모세와 아론을 통해 이스라엘 백성을 이집트에서 내보내라고 파라오에게 말하라고 명

4 17세기 다마스쿠스에서 발견된 사마리아 공동체의 성경. 오경만으로 구성되어 있고, 본문은 히브리어 자음으로만 이루어져 있다. 가장 오래된 완전한 사본은 1149~1150년경의 것으로 추정된다.

5 유다교 성경의 권위 있는 히브리어 본문이다. 우리나라 가톨릭 성경의 구약 부분이 바로 마소라 본문의 번역이다.

령하시는 부분에서 그렇다. 더불어 마소라 본문은, 첫 대면 이야기만 직접적으로 전달하고, 이후 반복되는 상황에서는 이를 생략한다. 곧 시작부터 예고되었듯이 모세와 아론이 하느님의 명령을 수행하고, 파라오가 이를 거절했을 것이라고 읽는 이가 상상하게끔 한다. 하지만 사마리아 오경은 모세와 아론이 파라오를 찾아가는 장면, 파라오에 대한 모세의 담화, 파라오의 부정적 반응의 과정을 반복하여 이야기한다. 이렇듯 각각의 본문이 조화롭게 이루어지게 하려는 경향은 사마리아 오경의 전형적 특징이다.

두 번째 차이점은 탈출기 20장에서 발견할 수 있다. 사마리아 오경에는 우리가 아는 십계명 말미에 그리짐산 위에 제단을 세우라는 명령이 첨가되어 있다. 이 구절은 신명기 11장 29절과 27장 4~7절을 취한 것인데, 사마리아 오경은 마소라 본문에서 '에발'이라고 읽는 이 산을 '그리짐'으로 표기한다. 결국 사마리아 오경은 그리짐산에서의 예식을 십계명의 열 번째 계명으로 삼고, 이를 통해 그리짐산에서의 예식에 중요성을 부여한다.

한편 기원전 3세기에 이집트의 알렉산드리아에서 쓰인 그리스어 성경 번역본인 《칠십인역》의 오경은 많은 부분이 사마리아 오경과 비슷하다. 반면 탈출기 37장에서 40장은 마소라 본문과 차이가 많다. 《칠십인역》 본문이 더욱 짧고, 구절 간의 순서가 다르기 때문이다. 따라서 많은 학자는 마소라 본문이 더욱 후대에 쓰였으며, 탈출기 25~31장에서 하느님께서 모세에게 명령하신 부분, 광야에서의 성소와 그 기물을 설치하는 것이 더욱 일치하도록 하는 열망을 보여 준다고 해석한다.

더 나아가 마소라 본문은 유다 지파에 중요성을 더 크게 부여한다. 실제로 예식에 관한 세부적 사항까지 자세하게 전달하려는 의지는 역대기와 집회서에 나타나는 증언(집회 45,9-22; 50,1-21 참조)에서도 볼 수 있는데, 이는 헬레니즘 시대 문헌의 특징 중 하나다.

제2장

탈출기가 이야기하는 것은 무엇인가

하느님께 반기를 들고 금송아지를 경배하는 이스라엘 백성.

니콜라 푸생(Nicolas Poussin), 1633~1634년.

캔버스에 유채, 153.4 × 211.8 cm.

런던 국립 미술관, 런던, 영국.

탈출기의 핵심 — 나일강에서 시나이산까지

탈출기의 핵심을 알려면 1장부터 15장까지의 내용을 주목해야 한다. 탈출기의 첫 부분은 새롭게 왕좌에 등극한 파라오가 이스라엘 백성이 이집트에서 번성하자, 혹여나 폭동이 일어나진 않을까 두려워하여 그들을 억압하는 것으로 시작한다. 그리고 이것은 이스라엘 백성의 해방을 이끌 모세가 태어나는 배경이 된다.

몇 차례의 우여곡절 이후, 불타는 떨기나무 장면에서 모세는 하느님께 이집트로 돌아가 파라오에게 이스라엘 백성을 내보내라고 요구하도록 부르심을 받는다. 모세는 처음에 하느님의 이러한 요구를 소극적으로 받아들이지만, 결국 그분의 뜻에 순종한다. 그리고 형 아론과 함께 파라오를 만나러 간다. 하지만 그들의 첫 임무는 실패로 돌아간다. 파라오가 모세와 아론의 요구를 거절했을 뿐만 아니라, 노예처럼 지내는 히브리인들의 삶을 더 고되게 만들었기 때문이다. 이 부분부터 하느님께서 다양한 재난을 통해 이집트를 치시는 '이집트의 재앙'이라는 이야기가 시작된다. 파라오는 재앙이 시작될 때에는 굴복하는 것처럼 보이지만 상황이 일단락될 때마다 생각을 바꾸고 모세의 제안을 고집스럽게 거부한다. 결국 파라오는 왕좌의 상속자에서 시작하여 이집트의 모든 맏배가 죽음을 맞는 열 번째 재앙에 이르러서야 이스라엘 백성을 이집트에서 내보낸다. 그리고 이스라엘 백성은 밤 동안 짐을 챙겨 이집트를 떠나게 된다.

하지만 파라오가 마음을 바꾸고 광야로 향하는 이스라엘 백성을 쫓아가 그들을 다시 자기 노예로 되돌리기로 한 데에는 3일의 기간으로도 충분했다. 이 역시 겉보기에는 잘 되어 가는 듯했다. 파라오의 군사들이 저녁에 바닷가에서 야영 중인 이스라엘 백성을 쫓아가는 데 성공했기 때문이다. 이스라엘 백성들은 바다와 파라오의 막강한 군대 사이에 갇히게 된다. 하지만 그들은 하느님께서 모세를 통해 자신들을 바닷속으로 몰아넣으실 것이라는 예상은 미처 하지 못했다. '갈대 바다의 기적'에 관한 여러 가지 전승이 있는 만큼, 그들이 물속에 잠겼는지, 아니면 강물에 휩쓸려 떠내려갔는지는 명확하지 않다. 어쨌든 바닷물은 무장한 병력을 막아 냈으며, 이스라엘 백성은 이집트의 억압에서 영원히 해방되었다.

이후 이스라엘 백성은 광야에서의 행군을 시작한다. 그러나 약속의 땅이 아닌 시나이산으로 향했다. 하느님께서는 모세의 중개를 통하여 당신 백성이 직면한 여러 문제를 해결해 주시기 위해, 예를 들어 먹고 마실 것을 주시고, 그들을 적의 공격에서 보호해 주시기 위해 개입하셔야 할 필요가 있었다. 마침내 백성은 시나이산에 다다른다. 하느님께서는 산 위에서 장엄하게 발현하시어 십계명, 곧 '열 가지 말씀' 혹은 '열 가지 명령'을 선포하신다. 이에 일련의 사회적 법규, 곧 형법, 예식에 관한 법(전례법)에 관련된 자세한 규정도 일러 주신다. 모세는 산에서 내려와, 모여 있는 백성 앞에서 이 모든 법을 선포하고 이것을 책에 기록한다. 이 책은 하느님과 이스라엘 백성이 맺은 장엄한 계약의 기초가 된다. 백성은 이에 대한 응답으로 하느님과 그 계약에 충실할 것을 약속하고, 더 구체적으로는 선포된 법과 규정에 따라 살 것을 약속한다.

계약이 결론을 맺은 후, 모세는 시나이산에서 이동 성막과 예식에 필요한 필수 기물들의 건립에 관한 일련의 긴 법규들을 받기 위해 시나이산 위로 하느님의 부르심을 받는다. 이 시점에서 예상치 못한 문제가 발생하는데, 바로 이스라엘 백성이 모세를 기다리다가 지쳐 금송아지로 우상을 만든 사건이 벌어진 것이다. 이에 하느님의 의노와 모세의 격분, 잘못한 이들에 대한 처벌이 이어진다.

그 후 두 장에 걸친 긴 분량을 통해 하느님과 모세 사이의 협상이 이루어진다. 이 협상은 이미 일어난 피해를 복구하기 위한 것이었다. 이를 두고 성경적인 용어로는 '하느님과 그분의 백성 사이의 계약을 다시 세우려는 협상'이라고 한다. 사태가 일단 정리된 후에, 모세는 몇몇 개정 사항과 더불어 성소와 그 기물들의 건립을 시작할 수 있게 되었다. 그리고 성소를 장엄하게 취하시고 '만남의 장막'에 머무르시게 된 하느님과 함께 모든 것이 마무리된다. 해방자 하느님께서는 해방된 이스라엘 백성 가운데에서 지내시게 되었고, 이제 이 성소에서 당신 백성을 광야에서 인도하실 것이다. 탈출기는 이 부분에서 조금은 갑작스럽게 마무리된다. 이스라엘 백성이 시나이산 기슭에서 몇 달을 더 머무를 것이기 때문이다. 탈출기가 이렇게 마무리되는 이유는 무엇일까?

탈출기의 실마리 — 이스라엘의 주님은 누구이신가?

우리는 탈출기 안에서 네 가지 유형의 글을 발견할 수 있다. 먼저 이집트에서의 탈출과 광야에 안착한 초기 몇 달에 관한 일련의 이야기가 있다. 둘째로 성법전(하느님을 섬기기 위한 법)과 사회법(이웃과의 관계에 관한 법), 그리고 범죄에 관해 다루는 형법이 나온다. 셋째로, 긴 분량에 걸쳐 다루어지는 예식과 성소 건립에 관한 법, 그리고 그 법의 실행에 관한 상세한 사항이 있다. 마지막으로 노랫말도 발견할 수 있는데, 모세의 누이 미르얌과 이스라엘의 여인들이 부른 '모세의 노래'가 그 예다(탈출 15,20-21 참조).

이처럼 탈출기의 본문은 그 유형에서 일관성을 찾아보기 힘들고 복합적으로 구성되어 있다. 이 안에서 하나의 중심적 사상을 발견할 수 있을까? 먼저 '이스라엘 백성의 광야 여정'이라는 간결한 요소를 통해 생각해 볼 수 있다. 탈출기의 첫 부분은 고통스러운 노예 상황에 있던 이스라엘 백성이 왜 이집트에서 탈출하고자 했는지 보여 준다. 그리고 이러한 열망이 이루어지며 첫 번째 결말을 맺는다(탈출 1-15장 참조). 하지만 이스라엘 백성의 여정은 바닷가에서 끝나지 않고 시나이산 가까이에 이른다. 그들이 그곳에서 오랫동안 천막을 치고 지냈음을 알 수 있는데, 이곳에서 체류한 이야기가 탈출기 마지막 부분에서 민수기 10장까지 이어지기 때문이다(민수 10,11 참조). 이스라엘 백성의 이 여정은 그들이 약속의 땅에 들어가고, 그 땅을 소유하는 여호수아기에 이르러서 끝맺는다. 그러므로 단순히 이 여정 자체만 탈출기의 중심 줄거리가 될 수는 없다. 이 여정이 완결되기도 전에, 그 흐름이 탈출기 40장에서 깨지기 때문이다. 따라서 탈출기는 왜 40장에서 끝나는지 물을 수 있을 것이다.

탈출기 40장에서는 무슨 일이 일어나는가? 시나이산에서 하느님, 곧 이스라엘의 주님께서는 성소를 소유하기 위해 오시고, 그분의 현존을 상징하는 '구름'과 '영광'은 '만남의 성막'을 가득 채운다. 고대 세계에서 성소는 신성한 존재의 거처였다. 다른 말로, 주님께서는 이스라엘의 진영 안에 현존하는 당신의 거처, 그분의 왕실을 소유하기 위해 오시는 것이다. 이스라엘 백성의 진영은 마치 야영하는 군대처럼 오늘날 어느 조직의 '본부'라고 불릴 수 있는 천막을 중심에 둔다. 그러기에 탈출기에서는 이 천막이 하느님께 속하는 곳이다. 모든 일을 주관하는 이도 하느님이시기 때문이다.

이 모든 것에 한 가지 필수 요소가 추가되어야 한다. 고대 시기의 군사들은 임금의 명령을 받았다. 무엇보다 본질적인 요소는, 이스라엘 백성은 그들의 하느님을, 자신들을 이집트에서 탈출시켜 주신 진정한 주권자이자 이스라엘의 유일한 주님을 '임금'으로 모신다는 사실이다.

마지막으로 중요한 요소가 남아 있다. 하느님께서는 단순히 한 국가의 신이 아니라, 세상의 창조주이시자 모든 민족의 주님이시라는 점이다. 그분께서는 이 사실을 이스라엘 백성이 갈대 바다를 건너는 장면에서 드러내신다(탈출 14장 참조). 하느님께서는 바람과 바다에 물 한가운데 마른 땅을 열어내 보이라는 명령을 내리실 수 있으며, 이스라엘의 진영 가운데에서 당신의 왕실을 세우러 오시는 '세상의 주님'이시다. 우리는 이 지점에서 역설적인 부분을 발견한다. 온 세상의 주권자께서 당신의 최종 목적지인 약속의 땅을 향한 광야에서의 떠돌이 생활 가운데 있는 그분의 백성과 동행하기 위해서, 분해할 수 있는 소박한 이동 천막에 머무르는 것으로 만족하신다는 것이다.

따라서 탈출기 마지막 부분의 결론은 그 자체만으로 깊은 의미가 있다. 탈출기 이야기를 메소포타미아와 페니키아 신화와 비교하면 더욱 놀랍다. 여러 민족이 창조를 다룬 이야기에서 바빌론의 '므로닥Marduk 신'과 우가릿(페니키아의 북쪽 항구)의 '바알Baal 신'은 자신의 창조물의 중심에 하나의 궁전, 즉 성전을 건설한 뒤 창조 사업을 끝내기 때문이다.

그러나 성경에 따르면 하느님께서는 일곱째 날에 안식일을 세우시는 것으로 만족하신다. 즉 하느님께서는 거룩한 시간을 창조하셨지만, 거룩한 공간을 소유하지는 않으셨다. 대신 탈출기의 마지막 부분에 이르러서야 성소를 취하신다. 하느님께서 당신 백성을 창조하시고, 이 해방된 백성이 완전한 자유 안에서 그들의 하느님을 경배할 수 있을 때에야 이 일이 이루어지는 셈이다. 따라서 탈출기 39~40장에서 창조 이야기를 암시하는 요소는 창세기와 탈출기 사이에 깊은 연관이 있음을 증명해 준다. 우리는 다음과 같은 공통점을 볼 수 있다. 곧, 한 주간이 7일이라는 것(탈출 24,16 참조), 창조 업무를 잠시 멈추셨듯이 사람의 일 또한 멈추는 것(탈출 39,32; 40,33; 창세 2,1 참조), 하느님께서 당신의 창조 업적을 보신 것과 모세가 모든 일을 마치고 이를 본 것(탈출 39,43; 창세 1,31 참조), 하느님께서 당신의 창조물과 일곱째 날을 축복하신 것처럼 모세가 완성된 일을 축복하는 것(탈출 39,43; 창세 1,22.28; 2,1 참조)이다. 이 부분들에는 깊은 뜻이 담겨 있다. 즉 창조 사업이 성소 건립을 통해 필수적으로 완성된다는 점을 보여 주는 것이다.

이 모든 것은 우리에게 마지막 질문을 던진다. 그렇다면 하느님께서는 왜 당신 백성 가운데 머물고자 오시기 전에 성소를 짓지 않으셨던 것일까? 이 질문의 답은 하나다. 이스라엘 백성은 당신 백성의 유일한 주권자로서의 하느님의 존재를 아직 깨닫지 못했기 때문이다. 그분의 정착은 일련의 중대한 문제가 해결된 이후에야 실현될 수 있었다. 그중 가장 심각했던 문제는 파라오가 이스라엘의 주권자를 자처하고 있었다는 점이다. "그 주님이 누구이기에 그의 말을 듣고 이스라엘을 내보내라는 것이냐? 나는 그 주님을 알지도 못할뿐더러, 이스라엘을 내보내지도 않겠다."(탈출 5,2) 이러한 생각을 지닌 파라오가 이스라엘의 하느님께서 주님이심을 알고 이스라엘 백성을 떠나보내기까지는 시간이 필요했다.

이후 광야에서 모든 것이 순조롭게 진행되듯이 보였으나, 머지않아 난관이 찾아온다. 이스라엘 백성이 금송아지를 경배한 사건이 벌어진 것이다(탈출 32장 참조). 이 사건은 이집트 탈출을 이루신 하느님의 주권에 반기를 든 것이었고, 이 문제를 해결하기 위해 모세의 인내와 끈기가 필요했다. 이후 힘겹게 해결책이 마련되어 하느님과 이스라엘 백성 사이의 관계가 재정립된다. 그런 뒤 비로소 성소 건립이 시작되고 완성을 향해 간다(탈출 35-40장 참조). 마침내 하느님께서는 당신의 '왕실'에 사시며, 당신 백성인 이스라엘을 다스리기 위해 오실 수 있게 되었다.

결과적으로, 탈출기는 '이스라엘은 누구를 섬길 것인가?'라는 질문에 답한다. 이 질문은 '이스라엘의 주권자는 누구인가?'로도 표현될 수 있다. 따라서 앞서 이야기한 《노예 상태에서 섬김으로》라는 책의 제목에 의미를 새롭게 부여할 수 있다. 탈출기는 파라오 치하에서 노예 상태에 있던 이스라엘 백성이 자신들을 해방하시는 하느님을 향해 나아가고, 그분을 자유롭게 섬기는 여정으로 나아갈 수 있는지 이야기하기 때문이다. 이것은 그들의 여정 중에서 올바른 길에서 벗어나도록 하는 장애물, 마치 금송아지 같은 것에서 해방되는 가운데 이루어진다.

제3장

탈출기 안에서 조화를 이루는 목소리

강물에서 아기 모세를 구출하는 사람들.

로랑 드 라 이르(Laurent de la Hyre), 1647~1650년.

캔버스에 유채, 69.9 × 89.5 cm.

디트로이트 미술관, 디트로이트, 미국.

탈출기의 본문은 창세기와 비교하면 더 복합적이다. 창세기는 창조에서 시작하여 야곱의 가족이 이집트에 도착하면서 마무리되는 일관적인 구성을 취한다. 이처럼 창조에서 시작한 창세기와 비교한다면, 탈출기는 이집트에서의 억압에서 시나이산에 도착하기까지의 이야기를 다루기 때문에 그 이야기의 시간적 간격이 창세기에 비해 훨씬 짧다. 특히 전체 40장으로 이루어진 탈출기 내용 중에서 법적 혹은 전례적 내용이 거의 절반 가까이 차지한다.

한편 이 부분에서 우리는 한 국가의 건국과 그 기원에 대한 공식적인 이야기를 발견할 수 있다. 이런 구성이 이루어진 까닭은 탈출기를 읽는 이들에게 한 나라의 근본적인 법적 요소에 관한 기록을 제공하고, 그 기원의 이야기에서 법의 정당성을 형성하기 위함이다. 이를 통해 세대와 세대에 걸쳐 이스라엘 백성이 그들의 조상이 겪었던 태고太古의 기억을 잊지 않도록 한다. 이스라엘 백성은 시나이산에서 선포된 계명을 자신이 지켜야 할 법으로 받아들이고, 그 산 아래에서 발족한 예식을 거행하기 위해 초대받았다. 고대 세계에서 하나의 제도가 그 가치를 인정받기 위해서는 오랜 역사성이 있어야 했다. 따라서 이스라엘 법의 기원이 시나이 광야의 백성의 시대까지 거슬러 올라간다는 것은 유효하고 권위적인 법이 될 근거를 마련했기에, 단순히 역사적 사실 그 이상의 것을 말해 준다. 마찬가지로 성경의 세계관에서 중요한 것은 현대 역사가의 관점에서 보는 '사실 관계'가 아니다. 이와 관련한 모든 형태의 역사적 연구가 성공적으로 이루어지기 어려운 이유가 여기에 있다. 중요한 것은 전승 그 자체다.

탈출기의 내용은 여러 사람이 쓴 귀중한 문서가 특정 질서에 따라 정리된 문서고라고 할 수 있다. 곧 탈출기가 반드시 어떤 한 사람이 모든 부분을 쓴 작품이라거나, 혹은 그렇게 보이기 위해 모든 수집된 자료가 마치 한 작품인 것처럼 조화를 이룰 필요는 없다는 뜻이다. 탈출기는 일치된 의도로 쓰였으나, 문체가 통일되어 있지는 않다. 그럼에도 중요한 것은 탈출기가 여러 사람의 손을 거쳐 다양한 형태로 존재할 수는 있으나, 하나의 동일한 목적을 지닌다는 점이다. 바로 이스라엘 민족의 기원을 설명하며, 백성들이 자기 존재를 위협하는 모든 위기 가운데 어떻게 살아남았는지를 알게끔 하려는 것이다.

이와 관련하여 예를 하나 들어 보겠다. 로마나 피렌체, 팔레르모, 파리, 리옹, 마르세유 같은 역사가 깊은 오래된 도시를 생각해 보자. 이 도시들은 수 세기에 걸쳐 사람들이 사는 동안 노후화되고 전쟁, 전염병, 홍수 같은 자연재해로 인하여 훼손되기도 했다. 도시의 중심부 역시 19세기에 조르주외젠 오스만Baron Georges-Eugène Haussmann(1809~1891년)이 파리의 도시 계획을 단행했듯이, 혹은 피에몬테 지역 사람들이 1870년 이후 로마 시가지 조직을 재구성했듯이 끊임없이 변화했다. 다양한 시대의 스타일과 이에 따른 건물들은 서로 비슷한 모습을 띠면서 때로는 겹치기도 했다. 도시의 거리도 여러 시대에 걸쳐 다양한 요청에 따라 이루어진 도시 개발 계획으로 인해 재편되었다. 마차 행로, 내연 기관의 길, 지하철 노선처럼 변화하는 시대의 요구에 부응하기 위해 도시들이 새롭게 탈바꿈한 것이다.

이처럼 오랜 시간에 걸쳐 변해 온 하나의 도시를 극소수 건축가들의 영감으로 압축할 수 있는가? 어려울 것이다. 더 나아가 이를 한 명의 건축가에게 연결시키기란 더욱 어렵다. 모든 시대는 나름의 선호하는 스타일이 있기 때문이다. 조르주외젠 오스만의 '파리 개조 사업'처럼 도시 일부 지역이 지닌 고유한 스타일은 특히 도시 중심부 안에서 쉽게 찾을 수 있다. 물론 이런 스타일이 그 도시를 특징짓는 유일한 요소는 아니다. 파리뿐만 아니라 리옹, 마르세유, 마드리드, 바르셀로나 같은 도시에는 중심부와 교외 지역이 있다.

주거 지역과 상업 지역이 있으며, 옛 도심과 산업화된 구역이 있다. 하지만 이런 다양한 요소가 모여 파리, 리옹, 마르세유, 로마, 마드리드, 바르셀로나가 하나의 도시로 존재하게 만든다. 이를 통해 우리는 통일성이 다양성과 공존할 수 있음을 깨닫는다.

복합적 본문에 대한 예시

이와 비슷한 예를 탈출기에서도 발견할 수 있다. 이런 부분은 다양한 시대와 그에 따른 스타일을 지닌 구절에 관한 것으로, 때로는 평행을 이루기도 하고, 같은 형태로도 나타난다.

이집트 재앙 중 첫 번째 재앙은 '물이 피가 되다'(탈출 7,14-24 참조)라고도 불린다. 하느님께서는 모세와 아론에게 이스라엘 백성이 떠나는 것을 거부하는 파라오에게 가도록 명하신다. 그리고 파라오에 대한 보복에 관해 다음과 같이 덧붙이신다.

> "그리고 그에게 이렇게 말하여라. '주 히브리인들의 하느님께서 저를 임금님께 보내시어, `내 백성을 내보내어 그들이 광야에서 나를 예배하게 하여라.' 하셨는데도, 파라오께서는 여태껏 말을 듣지 않으셨습니다. 그래서 주님께서 이렇게 말씀하셨습니다. `이것으로 너는 내가 주님임을 알게 될 것이다. 보아라, 내 손에 있는 이 지팡이로 나일강 물

을 치겠다. 그러면 물이 피로 변할 것이다.'"(탈출 7,16-17)

따라서 피로 변할 물은 거대한 나일강의 물이라는 것이 분명해진다. 하지만 머지않아 하느님께서는 다음과 같은 명령을 모세에게 부여하신다.

> 주님께서 모세에게 말씀하셨다. "너는 아론에게, 지팡이를 잡고 이집트에 있는 물, 강과 운하와 늪, 그 밖에 물이 괸 모든 곳 위로 손을 뻗으라고 말하여라. 그리하여 그것들이 피가 되게 하여라. 그러면 이집트 땅 모든 곳에, 심지어 나무와 돌에까지도 피가 흥건할 것이다."(탈출 7,19)

이번에는 처벌이 오직 나일강에 한정되지 않고, 나무와 돌 용기에 담긴 물, 곧 가정에서 사용하는 물을 포함한 이집트 내의 모든 물로 확장된다. 여기서 여러 고대 전승의 전개 과정에서 나타나는 흔한 특징 중 하나인 '확장된 이야기'를 발견할 수 있다. 분명한 점은 우리가 이 하나의 이야기에서 두 가지 다른 '목소리'의 존재, 곧 물이 피로 변하는 재앙에 관한 두 가지 이야기 방식을 보고 있다는 것이다. 한 이야기가 여러 목소리로 반복된다는 것은, 어떤 특정한 수집가가 따로 존재했던 여러 이야기 전승을 모았다는 인상을 준다. 이러한 중첩된 이야기를 다루는 예시는 탈출기 24장에서도 발견할 수 있다.

주님께서 모세에게 말씀하셨다. "너는 아론과 나답과 아비후와 이스라엘의 원로 일흔 명을 데리고 주님에게 올라와, 멀찍이 서서 경배하여라. 너 모세만 주님에게 가까이 오고 다른 이들은 가까이 와서는 안 된다. 백성은 아예 산으로 올라와서는 안 된다."(탈출 24,1-2)

모세가 백성에게 와서 주님의 모든 말씀과 모든 법규를 일러 주었다. 그러자 온 백성이 한목소리로 "주님께서 하신 모든 말씀을 실행하겠습니다." 하고 대답하였다. 모세는 주님의 모든 말씀을 기록하였다. 그는 다음 날 아침 일찍 일어나 산기슭에 제단을 쌓고, 이스라엘의 열두 지파에 따라 기념 기둥 열둘을 세웠다. 그는 이스라엘 자손들 가운데 몇몇 젊은이들을 그리로 보내어, 번제물을 올리고 소를 잡아 주님께 친교 제물을 바치게 하였다. 모세는 그 피의 절반을 가져다 여러 대접에 담아 놓고, 나머지 절반은 제단에 뿌렸다. 그러고 나서 계약의 책을 들고 그것을 읽어 백성에게 들려주었다. 그러자 그들은 "주님께서 말씀하신 모든 것을 실행하고 따르겠습니다." 하고 말하였다. 모세는 피를 가져다 백성에게 뿌리고 말하였다. "이는 주님께서 이 모든 말씀대로 너희와 맺으신 계약의 피다."(탈출 24,3-8)

모세는 아론과 나답과 아비후와 이스라엘의 원로 일흔 명과 함께 올라갔다. 그들은 그곳에서 이스라엘의 하느님을 뵈었다. 그분의 발밑에는 청옥으로 된 바닥 같은 것이 있었는데, 맑기가 꼭 하늘 같았다. 주님께서는 이스라엘 자손들의 수령들에게 손을 대지 않으셨으므로, 그들은 하느님을 뵙고서 먹고 마셨다.(탈출 24,9-11)

이 세 부분을 주의 깊게 읽은 이들은 두 가지 이야기를 마주하고 있음을 알 수 있다. 또한 두 번째 이야기가 첫 번째 이야기의 도입부와 결론부 사이에 들어가 있다는 사실도 발견할 수 있다. 하느님께서는 1~2절에서 당신께서 부르실 곳인 산 위에 오로지 모세와 그의 형 아론, 아론의 두 아들과 일흔 원로만 올라와야 한다는 명령을 부여하신다. 9절에서는 그들이 신적 명령에 따라 산으로 올라가는 장면이 나온다. 이 인물들은 1절에서처럼 같은 순서로 다시 언급된다. 그다음에는 산꼭대기에서 공동체가 하느님을 뵙고 그분 앞에서 식사를 나누는 장면이 뒤따른다(탈출 24,9-11 참조).

반면 그 중간 부분인 3~8절에서 모세는 혼자다. 이곳에서 모세는 어떤 젊은이들을 시켜 사제들만이 할 수 있는 임무인 번제를 바칠 수 있도록 요청한다. 이를 통해 아론과 그의 자손들은 부재 상황임을 알 수 있다. 이 부분에서는 산 위로 올라가는 것이 언급되지 않고 대신 산기슭이 배경이 된다. 그리고 어떤 소수의 특권층 대신 모든 백성이 법의 선포와 피와 관련된 예식, 곧 하느님과 그분의 백성 사이의 계약을 결론 맺는 예식에 참여한다.

우리는 이처럼 하나의 장 안에서도 다른 장소, 인물, 행동을 마주한다. 이 두 가지 이야기를 일치시키거나 조화롭게 만들기는 그리 쉽지 않다. 따라서 어떤 편집자가 탈출기의 구성에 관여했음이 드러난다.

사제계 저자의 문체

가장 쉽게 파악할 수 있는 것은 '사제계 저자 문체'다. 이 문체는 종속절이 있는 긴 문장이라기보다는 다소 간결한 '배열 문장'[6]으로 구성되어 있다. 또한 전례에 사용되기 좋은 형태, 곧 오늘날 우리가 부르는 성가의 후렴구처럼 특정 반복으로 구성되며, 문장 형식의 선택 또한 한 단어 한 단어 세심하게 이루어진다. 이러한 특징은 명확한 의미가 담긴 법적 언어를 다루는 부분에서 나타나기도 한다. 이에 관하여 6장을 예시로 들 수 있다.

> (2) 하느님께서 모세에게 이르셨다. "나는 야훼다. (3) 나는 아브라함과 이사악과 야곱에게 '전능한 하느님'으로 나타났으나, '야훼'라는 내 이름으로 나를 그들에게 알리지는 않았다. (4) 또 나는 가나안 땅, 그들이 나그네살이하는 땅을 주기로 그들과 계약을 세웠다. (5) 그리고 나

6 다수의 짧은 문장들이 나열된 문장. 이에 반해 종속 문장은 하나의 문장에 긴 부연 설명 등이 종속된 문장을 말한다.

는 이집트인들이 종으로 부리는 이스라엘 자손들의 신음 소리를 듣고, 나의 계약을 기억하였다. (6) 그러므로 너는 이스라엘 자손들에게 말하여라. '나는 주님이다. 나는 이집트의 강제 노동에서 너희를 빼내고, 그 종살이에서 너희를 구해 내겠다. 팔을 뻗어 큰 심판을 내려서 너희를 구원하겠다. (7) 그러고 나서 나는 너희를 내 백성으로 삼고, 너희 하느님이 되어 주겠다. 그러면 너희는 내가 주님임을, 이집트의 강제 노동에서 너희를 빼낸 너희 하느님임을 알게 될 것이다. (8) 그런 다음 나는 아브라함과 이사악과 야곱에게 주기로 손을 들어 맹세한 땅으로 너희를 데리고 가서, 그 땅을 너희 차지로 주겠다. 나는 주님이다.'"(탈출 6,2-8)

이 신적 담화의 중심 선언인 "나는 주님이다."가 세 번 반복되는 것에 주목해 보자. 이는 2절에서 담화를 도입하고,[7] 8절에서 결론을 맺으며, 6절에서 이 담화를 두 부분으로 나누고 있다. 뿐만 아니라 중요한 요소가 추가되는 종속절인 7절에서 네 번째로 사용된다. 이 문장이 중요한 이유는 여기서 주님께서 당신 백성을 구원하실 그때, 이스라엘 백성이 그분을 알게 될 것이 확실해지기 때문이다. 실제로 이는 이스라엘 신앙의 기준을 이룬다.

7 "나는 주님이다."는 "나는 야훼다."와 같은 의미다. 유다교에서는 하느님의 신성하고도 존엄한 이름인 '야훼'를 직접 언급하는 것을 피한다. 가톨릭 역시 이 취지에 공감하여 이 이름이 처음 등장하는 2~3절을 제외하고는 모두 '주님'으로 고쳐 번역하고 있다.

또한 중요한 세 가지 내용이 반복됨을 확인할 수 있다. 첫 번째 반복은 세 명의 성조인 아브라함과 이사악과 야곱의 이름이 3절과 8절에서도 반복되는 것이다. 이는 그들에게 나라를 부여하신다는 장엄한 약속과 결부되어 있다. 여기에서 우리는 이른바 '포괄'이라는 방식, 즉 같은 형식이나 비슷한 표현을 통해 하나의 글을 도입하고 결론 맺는 방식을 발견한다. 그런데도 땅을 성조들에게 부여하신다는 장엄한 약속은 4절에서의 "계약"과 8절에서의 "손을 들어" 세우신 맹세와 다르다. 여기서 알 수 있듯이 사제계 저술은 문체의 작은 변형을 선호한다. 또한 4절과 5절에서의 "계약"이라는 단어가 반복되는 것도 볼 수 있다.

두 번째 반복은 6절과 7절에서 나타난다. 이스라엘의 하느님께서는 이 백성을 해방하시어 이집트의 강제 노역에서 빼내실 분이시다(6절 참조). 이 사건은 그분의 이름에 항상 연결될 것이다. 그러므로 이스라엘 백성은 하느님께서 지니신 첫 번째 특징을 '자신들을 노예 상태에서 해방해 주신 분'이라고 말할 수 있게 된다.

세 번째 반복은 두 번째 반복과 연관되어 있다. 하느님께서는 "나는 아브라함과 이사악과 야곱에게 '전능한 하느님'으로 나타났으나, '야훼'라는 내 이름으로 나를 그들에게 알리지는 않았다."(탈출 6,3)라고 말씀하신다. 그러나 당신 백성을 "이집트의 강제 노동"에서 해방하셨을 때는 이스라엘 백성에게 당신의 이름을 알리신다(7절 참조). 결국 신적 이름인 '주님YHWH'의 계시 장소는 '노예 상태에서 섬김으로'의 과정인 이집트 탈출 체험의 장이 된다.

또한 여기에는 '사제계' 문체를 더욱 잘 파악하게 해 주는 마지막 요소가 있다. 신적 담화의 전반부인 2절에서 5절은 과거에 대해 말하지만, 6절의 새로운 도입부("그러므로 너는 이스라엘 자손들에게 말하여라.")에 의해 시작되는 후반부는 미래에 초점을 맞춘다. 이것이 의미하는 바는 이 담화가 많은 편집을 통해 형성되었다는 것이다.

마지막으로 살펴볼 측면은 두 가지의 법적 표현에 관한 것이다. 이 표현은 하느님과의 관계 안에서 이스라엘 백성의 지위를 정의한다. 이스라엘의 선조들은 가나안 땅에서 토착민이 아닌 이방인이었다(4절 참조). 이집트 안에서 이스라엘은 노예 상태에 있었으므로 이방인 중에서도 가장 낮은 계층이었다(5절 참조). 하지만 이 백성은 하느님의 직접적인 개입 덕택에 자유를 얻었다(6절 참조). 이렇게 자유를 얻음으로써 하느님께서는 당신 백성과 특별한 관계를 맺으신다. 이 본문은 사실 혼인을 묘사하는 듯한 형식을 띤다. 누군가를 신랑, 신부로서 맞아들이는 것이다(7절 참조). 이 형식은 특히 구약 성경에 자주 등장하는데, 창세기 24장의 마무리 부분인 이사악과 레베카와의 혼인을 묘사하는 장면이 대표적이다. "이사악은 레베카를 아내로 맞아들였다."(창세 24,67 참조) 또한 동일한 형식이 에스테르기에 언급되는 에스테르의 입양을 다루는 부분에도 적용된다. "모르도카이는 그를 자기 딸로 맞아들였다."(에스 2,7) 탈출기 본문은 이런 표현을 사용하여 이스라엘 백성을 하느님께 특권을 받은 배우자처럼 묘사한다. 앞서 이야기했듯이, 이것은 하느님과 당신 백성 사이의 계약을 나타내기 위해 자주 사용되는 형식이다.

마지막 표현으로, 하느님께서는 당신 백성을 아브라함과 이사악과 야곱에게 맹세하셨던 그 땅으로 '들어가게' 하신다. 이 또한 당시 잘 알려진 표현법으로, 이사악이 레베카를 자신의 천막으로 이끄는 장면에서도 나타난다. "이사악은 레베카를 자기 어머니 사라의 천막으로 데리고 들어가서, 그를 아내로 맞아들였다."(창세 24,67) 결과적으로 이 본문은 우리가 신부로 비유되는 이스라엘이 주님의 선택받은 배우자가 되어 가는 모든 여정에 동행하도록 초대한다.

일반적으로 학자들은 이 '사제계 저자'가 바빌론 유배 이후, 곧 바빌론에서 처음으로 귀환한 시기 이후에 본문을 저술한 것으로 본다. 또한 이 시기의 저자가 주님의 백성이 희망을 잃지 않도록, 창세기에서 요르단강에 이르기까지의 모든 역사를 다시 읽으며 백성들에게 희망을 주고, 또 하느님께서 그분의 땅에서 백성들에게 열매를 간직하게 해 주실 것을 확신시키려 했다고 본다.

이 저자를 사제계 저자라고 추측할 수 있는 또 다른 이유는 전례 예식의 제정에 관심을 많이 보이기 때문이다. 여러 정황을 볼 때, 우리는 사제계 저자가 한 개인이 아니라 하나의 학파를 이루고 있었다고 예상할 수 있다. 더불어 이 저자를 '하느님의 안식', 곧 세상의 첫 안식일로 마무리되는 창세기의 첫 장의 저자로도 추측할 수 있다.

대중적 이야기의 특징

탈출기의 초반부에 있는 장 중에서 일부는 대중적인 전승의 특징을 보인다. 탈출기 2장에 나오는 모세의 탄생 이야기가 전형적인 예시다.

(1) 레위 집안의 어떤 남자가 레위의 딸을 아내로 맞이하였다. (2) 그 여자가 임신하여 아들을 낳았는데, 그 아기가 잘생긴 것을 보고 석 달 동안 그를 숨겨 길렀다. (3) 그러나 더 숨겨 둘 수가 없게 되자, 왕골 상자를 가져다 역청과 송진을 바르고, 그 안에 아기를 뉘어 강가 갈대 사이에 놓아두었다. (4) 그리고 아기의 누이가 멀찍이 서서 아기가 어떻게 되는지 지켜보고 있었다. (5) 마침 파라오의 딸이 목욕하러 강으로 내려왔다. 시녀들은 강가를 거닐고 있었는데, 공주가 갈대 사이에 있는 상자를 보고, 여종 하나를 보내어 그것을 가져오게 하였다. (6) 그것을 열어 보니 아기가 울고 있었다. 공주는 그 아기를 불쌍히 여기며, "이 아기는 히브리인들의 아이 가운데 하나로구나." 하였다. (7) 그러자 아기의 누이가 나서서 파라오의 딸에게 말하였다. "제가 가서, 공주님 대신 아기에게 젖을 먹일 히브리인 유모를 하나 불러다 드릴까요?" (8) 파라오의 딸이 "그래, 가거라." 하자, 그 처녀가 가서 아기의 어머니를 불러왔다. (9) 파라오의 딸이 그에게 말하였다. "이 아기를 데려다 나 대신 젖을 먹여 주게. 내가 직접 그대에게 삯을 주겠네." 그리하여 그 여

인은 아기를 데려다 젖을 먹였다. (10) 아이가 자라자 그 여인은 아이를 파라오의 딸에게 데려갔다. 공주는 그 아이를 아들로 삼고, "내가 그를 물에서 건져 냈다." 하면서 그 이름을 모세라 하였다.(탈출 2,1-10)

이 설화적 스타일의 주요한 특징을 살펴보자. 우선 이 이야기는 짤막한 장면들이 급격히 연속적으로 구성되어 있다. 각 장면마다 두 명의 등장인물만 능동적으로 움직인다. 익명으로 기록된 모세의 아버지와 어머니의 혼인(1절 참조), 어머니와 아기(2-3절 참조), 아기의 누이가 다음 장면을 준비하기 위해 도입되는 부분(4절 참조), 파라오의 딸과 아기(5-6절 참조), 파라오의 딸과 아기의 누이(7-8절 참조), 파라오의 딸과 아기의 어머니(8-9절 참조) 그리고 아기를 파라오의 딸에게 데려가는 아기의 어머니, 아기와 단둘이 남게 되는 파라오의 딸이 언급되는 부분(10절 참조)이 그렇다.

이 등장인물들의 행동은 신속하게 이루어지고 때로는 그 행동이 몇 가지 단어로만 요약되기도 한다. 예를 들어 아기를 눕히기 위한 요람을 준비하고 이를 강가를 따라 드리운 갈대 사이에 놓는 장면이 있다(3절 참조).[8] 아기의 누이와 파라오의 딸과 대화하는 장면도 예로 들 수 있다. 여기에서 아기의 누이는 파라오의 딸에게 젖을 먹

8 실제로 요람을 만들고 아기를 놓기까지는 비교적 오랜 시간이 걸렸을 것이다. 하지만 이 부분은 한 줄로 마무리된다. 저자가 이 단락에서 이야기하고자 하는 바는, 이처럼 성경 저자의 서술과 이야기 속 상황을 비교해 보면 실제로는 걸린 시간이 차이가 큼을 뜻한다.

일 유모를 구할 것을 제안한다(7절 참조). 또한 파라오의 딸이 아기의 어머니에게 아기를 보살펴 달라고 부탁하는 장면도 있다(9절 참조).

이 이야기에서 등장인물은 그들이 능동적인 역할을 맡을 때만 나타나고, 자신의 역할이 끝나면 바로 다음 장면에서 사라진다. 예를 들어 아기의 아버지는 1절 이후 더 이상 언급되지 않는다. 따라서 이야기의 발전과 흐름에 따른 아버지의 반응을 알 수 없다. 특히 아버지는 아기 어머니의 결정에 관여하지 않는다. 그리고 아기의 누이도 강가의 갈대 사이에 놓인 아기를 돌보기 위해 갑자기 나타난다. 이전까지는 아기가 맏아들인 것처럼 묘사되었으나, 실제로는 그렇지 않았다. 이 사실도 누이가 등장하기 전까지는 드러나지 않는다. 갓난아기의 누이는 자신이 맡은 역할에 충실하여 성공을 거두지만, 7~8절에서 주어진 임무를 완료한 후 곧바로 사라진다. 이후 아기와 누이의 관계는 더 이상 다루어지지 않는다.

이처럼 모든 것이 인물들의 행동에 초점이 맞추어져 있고, 인물들의 감정이나 의도는 드러나지 않는다. 이 이야기를 읽는 이들은 마치 극장 맨 앞줄에서 연극을 관람하듯 모든 것을 외부적 관점에서 바라본다.

왜 아기의 어머니는 방수된 왕골 상자 안에 아기를 넣고 나일강에 두기로 했을까? 어머니는 파라오의 딸이 그곳으로 목욕을 하러 오곤 했다는 사실을 알았을까? 파라오의 딸이 이 상자를 발견할 것이라고 예견하거나 적어도 이를 희망했을까? 아니면 오로지 이 상황을 운에 맡겼을까? 갈대 사이에 아기가 놓여 있었을 때와 집에 홀로 돌아왔을 때 어머니의 심정은 어떠했을까? 시간이 지날수록 어머니의 걱정스러운 마음은 어떻게 변했을까? 이 모든 시간 동안 갓난아기의 누이는 어떤 생각을 했을까? 딸이 성공한 소식을 갖고 돌아왔을 때 어머니의 반응은 어떠했을까? 아기를 다시 품에 안으며 양육할 수 있음을 알았을 때 어머니가 할 수 있는 것은 무엇이었을까? 아기가 젖을 뗄 때까지 2~3년 동안 무슨 일이 일어났을까? 아이가 어머니 곁을 떠나 파라오의 딸이 사는 궁전으로 가야 할 시기에 어머니는 아이에게 무슨 말을 할 수 있었을까? 아이의 어머니가 자신의 아들을 더 볼 수 없게 되었을 때 아이에게 "안녕."이라고 말했을 순간을 상상할 수 있는가? 그 후 어머니가 홀로 발걸음을 옮기며 돌아갈 때 느꼈을 감정을 상상할 수 있는가? 그리고 아이가 자신을 안아 주던 어머니 품에서 낯선 파라오의 딸의 품으로 옮겨 갔을 때 반응에 대해 알 수 있는 것은 무엇일까? 아이는 그 후 어떻게 살았고, 어떻게 양육되었을까? 성격은 어떠했으며, 어떤 언어로 말했을까?

이 모든 세세한 질문에 대한 답은 숨은 채 남아 있다. 이 이야기는 독자의 호기심을 그 어떤 방식으로도 해결해 주려 하지 않고, 그저 인물들의 행동만 염두에 둔다. 그리고 이 아이가 어떤 방식으로 죽음의 위험에서 벗어났는지에 대해 특별한 방식으로 묘사한다. 독자는 이 이야기에서 하나님의 개입을 감지할 수 있는가? 아이는 '물에서 건져' 구출되는데, 이는 유명한 그의 이름인 '모세'의 어원이 된다(10절 참조). 독자는 이 부분에서 아기가 정작 어머니와 시간을 보냈을 동안에는 이름이 없었던 것이냐는 질문을 할지도 모른다. 하지만 여기서 이러한 세부 사항은 중요하지 않다. 중요한 것은 파라오의 딸에게서 받은 이름이다. '모세'라는 이름은 이 탄생 이야기에서 설명되듯이 모세의 구원에 관한 에피소드와 연결되며 그 뜻이 본질적으로 드러난다.

그러나 모세의 탄생 이야기에서도 앞서 말한 특징과는 다른 예외적인 부분이 있다. 바로 왕골 상자 안의 아기를 발견한 순간 파라오의 딸이 느낀 감정을 묘사하는 부분이다.

> 그것을 열어 보니 아기가 울고 있었다. 공주는 그 아기를 불쌍히 여기며, "이 아기는 히브리인들의 아이 가운데 하나로구나." 하였다.(탈출 2,6)

여기에서 "불쌍히 여기며"라는 표현이 결정적이다. 파라오의 딸이 지녔던 연민이 아기의 운명을 결정짓는 계기가 되기 때문이다. 파라오는 이 이야기의 바로 이전 부분에서 모든 히브리 사내아이를 나일강에 던지라는 명령을 했다(탈출 1,22 참조). 아이러니하게도 파라오의 명령에 불순종한 첫 번째 이가 바로 파라오의 딸이었다. 여기서 우리는 파라오의 딸의 전형적인 모성 본능을 볼 수 있는 동시에, 파라오의 딸의 마음속에서 울려 퍼지는 양심의 목소리가 아버지의 잔인한 명령보다 더 강력했음을 알 수 있다. 파라오의 딸은 자신이 히브리 아기를 마주하고 있음을 알고 있었지만, 아기를 살리는 데 망설이지 않았다. 어떤 식으로든 아기를 죽음으로 내몰 수 없었기 때문이다. 따라서 이 부분에서는 약자를 억압하는 사악한 힘이자 절대 권력의 상징인 아버지 파라오에게서 선포된 죽음의 법 위에, 생명을 중시하는 양심의 목소리가 승리했음이 드러난다. 결국 모세의 탄생 이야기는 미소한 약자가 폭압적인 무력에 승리할 때 나타나는 아이러니를 담은 대표적 이야기가 된다. 아기의 어머니는 다름 아닌 이집트 왕실 덕분에 아기를 되찾고, 히브리 아기들의 학살을 명령했던 파라오 덕분에 아기를 양육하게 된 셈이다.

결론적으로, 탈출기의 문체는 인물들의 심리보다 그들의 행동에 집중하는 특성이 있다. 등장인물들의 주요 행동을 강조하며, 이를 왜곡할 수 있는 모든 세부적인 요소를 생략한다. 이러한 특성으로 인해 많은 부분을 독자의 상상에 맡긴다.

다시 말해 탈출기는 다양한 문체를 담고 있다. 따라서 우리가 오늘날의 책을 읽을 때에 생각하는 원칙과는 달리 다양한 목소리에 의해 구성된 이 방식에 익숙해질 필요가 있다. 하지만 이 모든 것이 노예 상태에서 해방되어 처음으로 자유를 맛본 경험을 한 이스라엘 백성에 대한 노래를 부르기 위해 한목소리로 일치하고 있음을 기억해야 한다.

제4장

탈출기에 쓰인 법의 세계와 그 특징

성막의 계약 궤 앞에서 경배하는 여호수아와 모세.

제임스 티소(James Tissot), 1896~1902년.

보드에 과슈, 18.7 × 22.5 cm.

유다인 박물관, 뉴욕, 미국.

사회와 전례에 관한 법은 탈출기의 절반가량을 차지하기에 매우 중요하다. 그리고 실제로 성경의 법령은 직 · 간접적으로 현대의 재판 문화에 영향을 미쳤기에 이를 살펴보는 것은 유익하다. 물론 성경의 법과 현대 민주 국가의 법령 사이에는 차이점도 존재한다.

먼저 옛 시대의 법정은 오늘날의 법정보다 훨씬 덜 체계적이었다는 사실을 알아야 한다. 예를 들어 소송 문제가 발생했을 때는, 세대에 걸쳐 구전으로 전해진 관습법에 따라 마을이나 성읍의 이름난 사람, 곧 부족들의 아버지가 성읍의 문(신명 21,19; 22,15; 룻 4,1.11; 욥 5,4; 31,21; 이사 29,21; 아모 5,12.15 참조)에서, 혹은 사람들이 왕래하는 마을 광장에서 논의했다. 따라서 구약에 나타나는 법과 법 해석에 관한 분석으로 들어가는 것과는 별개로, 이를 현대 사회의 시민법이나 형법과 혼동하지 말아야 함을 일러둔다.

법의 세계

계약 법전 내 법의 주요한 유형을 우선 구분해야 한다. 먼저 주요 원칙을 공표하는 짧은 법들이 발견되는데, 이는 해당 상황의 주변 환경을 고려하지 않는 측면이 있다.

> "사람을 때려서 죽인 자는 사형을 받아야 한다. 자기 아버지나 어머니를 때린 자는 사형을 받아야 한다. 사람을 유괴한 자는 그 사람을 팔았든 데리고 있든 사형을 받아야 한다. 자기 아버지나 어머니를 욕하는 자는 사형을 받아야 한다."(탈출 21,12.15-17)

독일 주석가 알브레히트 알트Albrecht Alt(1883~1956년)의 영향으로, 이 법들은 종종 '절대법'이라 불린다. 이 절대법은 성경 내에서 많이 발견되지는 않는다. 절대법은 주변 환경에 대한 고려가 배제된 매우 간결한 원리를 공표하므로 '절대적'이라고 불리고, 한 사회의 근본적인 원리를 지키기 위해 존재했던 전통적인 법의 특징을 드러낸다. 이 법에서 지키려고 하는 원칙은 바로 인간의 생명과 혈연의 권위, 부모에 대한 존경과 권위 존중, 그리고 개인의 자유다. 이와 같은 특징을 십계명의 "살인해서는 안 된다."(탈출 20,13), "도둑질해서는 안 된다."(탈출 20,15) 같은 계명에서도 찾을 수 있다.

이처럼 매우 간결하면서도 주위 환경과 상황적 맥락을 염두에 두지 않은 이 법은 탈출기 내 다른 부분에서 수정되고 보완된다. 예를 들어 탈출기 21장 12절의 법("사람을 때려서 죽인 자는 사형을 받아야 한다.")은 상황적 환경을 고려한 다음과 같은 형태로 수정된다.

> "만일 그가 일부러 하지 않고, 하느님이 그의 손에 걸리게 한 것이라면, 그가 피신할 수 있는 곳을 너희에게 지정해 주겠다. 그러나 악의로 흉계를 꾸며 이웃을 죽였을 경우에는, 그가 내 제단을 붙잡았더라도 끌어내어 사형에 처해야 한다."(탈출 21,13-14)

이 법은 고의적인 범죄를 고의적이지 않은 '사고' 치사와 구분한다. 고의성 없는 치사는 성소 안에서 피난처를 찾을 수 있는 반면, 고의적 살인은 이런 배려를 받지 못하고 배제된다. 이런 형태의 법은 발전을 거쳐 2세대의 새로운 법의 형태로 거듭나는데, 이 역시 알브레히트 알트의 영향으로 '조건법'[9]이라고 불린다. 이 두 번째 유형에서, 법의 공표는 일련의 상황적 환경을 전제하며, '~을 경우' 혹은 '만약' 등의 부사를 사용하여 도입된다. 이것에 대한 예는 다음과 같다.

9 절대법이 주변 상황을 고려하지 않고, "~한 자는 ~한 처분을 받아야 한다."라는 절대적 명제로 구성되어 있다면, 조건법은 같은 행위라도 여러 상황에 따른 추가 설명이 붙어 다양한 판례의 가능성을 고려할 수 있게 도움을 주는 법문의 형태를 이룬다.

"어떤 사람이 이웃에게 나귀나 소나 양이나 그 밖의 어떤 가축이든 지켜 달라고 맡겼는데, 죽거나 다치거나 아무도 보지 않는 사이에 없어졌을 경우, 맡았던 이가 이웃의 물건에 손을 대지 않았다는 것을 주님 앞에서 맹세하여, 두 사람 사이의 시비를 가려야 한다. 그러면 임자는 그것을 받아들이고, 상대방은 배상하지 않는다. 그러나 그것이 도둑을 맞았다면, 그 임자에게 배상해야 한다. 그것이 맹수에게 찢겨 죽었다면, 그것을 증거물로 내놓고, 찢겨 죽은 짐승은 배상하지 않는다. 어떤 사람이 이웃에게 짐승을 빌려 갔다가 그것이 다치거나 죽었을 경우, 그 임자가 같이 있지 않았다면 배상해야 한다. 임자가 같이 있었다면 배상하지 않는다. 그 짐승이 세를 낸 것이면 셋돈은 물어야 한다."(탈출 22,9-14)

이 법은 유목 사회에서 짐승과 관련하여 빈번하게 나타날 수 있는 여러 상황을 전제한다. 첫 번째 상황은 이웃에게 짐승을 지켜 달라고 했을 때에 관한 것인데, 이때 이 짐승은 죽거나 다치거나 누군가가 짐승을 훔쳐 갈 수 있다. 이러한 때에 이 본문은 어떻게 행동해야 하는지를 상황별로 구분한다.

첫 번째 상황은 짐승을 지키기로 한 이의 무지로 발생한다. 이 경우에는 관여된 사람이 맹세한 후에, 별다른 배상 의무 없이 마무리되는 것으로 결정된다.

두 번째 상황은 도둑을 맞았을 때를 예시로 드는데, 이 경우에는 그 재산을 배상해야 한다.

세 번째 상황은 짐승이 어떤 맹수에 의해 찢겨 죽는 것인데, 이 경우에는 짐승의 유골을 찾아 반환하여 증거물을 주인에게 보여 주어야 한다. 즉 짐승이 '찢겨 죽었을 것'이라는 진술만으로는 충분하지 않다. 이때 유비적 맥락[10]으로 요셉의 형제들이, 아버지 야곱에게 염소의 피를 묻힌 옷을 가져가서 요셉이 짐승에게 찢겨 죽었다는 증거물로 내놓은 사실을 기억할 수 있다(창세 37,31-32 참조).

네 번째 상황은 다르다. 이웃에게 보호를 요청받은 짐승에 관한 것이 아니라, 빌려 간 짐승에 관한 것이기 때문이다. 이 경우에도 법은 세 가지 가능성을 제시한다. 첫째, 짐승이 다치거나 죽었고, 주인이 함께 있지 않았을 때는 짐승을 빌려 간 이가 주인에게 배상해야 한다. 둘째, 주인이 같이 있었을 경우, 이를 배상할 필요는 없다. 마지막으로 해당 짐승이 세를 내서 빌려 온 것인데 죽거나 다친다면, 셋돈을 주인에게 물어야 한다. 여기에서의 짐승은 농사일 혹은 장사를 할 때 운송을 위해 빌린 나귀나 소를 말하는 것으로 추정된다.

하지만 이 법령 본문에서조차도 여러 부분이 구체적이지 않은 채로 남아 있다. 예를 들어 '배상해야 한다.', '배상하지 않아도 된

10 직접적으로 일치되지는 않지만, 비유적으로 적용할 수 있는 상황을 가리키는 표현이다. 배반당하신 예수님께서 이집트 상인에게 은돈으로 팔린 요셉에 비유되는 것이 그 예다.

다.' 등의 내용만 있을 뿐 손해 배상 액수가 얼마에 이르는지는 이야기하지 않기 때문에, 나머지 부분은 당사자들 사이에서 결정되어야 할 것으로 추측된다. 게다가 문제 해결을 담당할 집회나 재판관조차 언급되지 않는다.

더불어 이 법령의 문체와 관련하여, 모든 상황이 같은 방식으로 도입되고 있음을 주목해 보자(~을 경우, ~할 때). 이 문체는 성경의 법에 전형적으로 나타나는 것이지만 동시에 히타이트와 메소포타미아의 법의 문체다. 즉 고대 근동의 다양한 문화권에서 보이는 공통적인 문체 중 하나며, 메소포타미아의 고대 문화권에서 영향을 받은 것으로 보인다.

하지만 메소포타미아나 히타이트 문화권의 법과는 조금 다른 형태의 법도 존재한다. 이 법은 2인칭 형식으로 나타나며 법전보다는 지혜 문학의 문체와 더 가깝다.

> "너희는 이방인을 억압하거나 학대해서는 안 된다. 너희도 이집트 땅에서 이방인이었다. 너희는 어떤 과부나 고아도 억눌러서는 안 된다. 너희가 그들을 억눌러 그들이 나에게 부르짖으면, 나는 그 부르짖음을 들어줄 것이다. 그러면 나는 분노를 터뜨려 칼로 너희를 죽이겠다. 그러면 너희 아내들은 과부가 되고, 너희 아들들은 고아가 될 것이다."(탈출 22,20-23)

이 부분은 형벌을 위한 법이라기보다는 상대를 잘 처우하라는 호소로 보아야 한다. 심판과 처벌은 어디까지나 하느님의 몫이다. 같은 맥락에서 이방인에 관한 법은 하나의 호소적 문장과 동반한다. "너희도 이집트 땅에서 이방인이었다."(탈출 22,20) 따라서 이스라엘은 그들의 역사에서 교훈을 얻을 수 있도록 초대받는다.

이러한 호소 어린 문장은 성경 내 법의 전형적 특징이기도 하다. 그 두 번째 예는 탈출기 22장에서도 찾을 수 있다.

> "너희가 이웃의 겉옷을 담보로 잡았으면, 해가 지기 전에 돌려주어야 한다. 그가 덮을 것이라고는 그것뿐이고, 몸을 가릴 것이라고는 그 겉옷뿐인데, 무엇을 덮고 자겠느냐? 그가 나에게 부르짖으면 나는 들어 줄 것이다. 나는 자비하다."(탈출 22,25-26)

하느님께서는 여기에서 선포된 법에 따라 정의를 실현하시는 분으로 나타나신다. 이에 대한 정당성은 다음과 같은 신학적인 측면을 담고 있다. "나는 자비하다."(탈출 22,26) 이러한 선포 안에서 우리는 고대 근동의 여타의 법전에서는 찾아보기 힘든 법을 발견할 수 있다. 법을 어겼을 때 따라야 하는 절차는 다른 법들에 비해 자세히 나와 있지 않다. 이를 통해 이 법이 처벌에 대한 두려움보다는 성숙한 공동체 의식과 양심의 호소로 이루어진다는 점을 알 수 있다.

전례에 관한 법

탈출기 25~31장과 35~40장에는 성소 건립에 관한 지시가 언급된다. 오늘날 이 장을 읽는 이들은 여기에 언급된 세부적인 지시 사항이나 의미가 모호한 수많은 전문적 용어나 수치적 설명 때문에 어렵게 받아들이고, 이에 따라 이 부분에 크게 소중함을 느끼지 못하는 경우가 많다. 이 단락에서는 방금 언급한 특징 이외에 이 장에서 보이는 몇몇 문체적 특징을 위주로 이 법에 대해 살펴보고자 한다.

이 장들은 신적인 명령과 모세와 이를 돕는 장인들이 하느님의 명령을 실행하는 것에 대한 일치를 강조한다. 하느님께서 직접 이 일치를 말씀하신다. "내가 너에게 보여 주는 성막의 모형과 온갖 기물의 모형에 따라 모든 것을 만들어라."(탈출 25,9) 이와 같은 내용이 이 부분의 끝, 곧 안식일 휴식에 관한 내용이 나오기 바로 전에 다시금 반복된다. "성별 기름과 성소에서 쓸 향기로운 향을, 내가 너에게 명령한 대로 다 만들 것이다."(탈출 31,11) 성소와 예식은 하느님께서 모세에게 손수 보여 주신 모델과 일치하게 된다. 이것은 인간의 계획이 아닌 신적 기원을 둔 법을 다루고 있음을 밝히며, 이러한 신성한 특성 자체가 그 권위를 인준한다.

성소 건립과 그 기구들을 묘사하는 부분(탈출 35-40장 참조)도 이러한 측면을 강조하며, 신적 명령과 그 수행 사이의 완벽한 일치를 나타내는 일련의 형식들을 발견할 수 있다. 이에 대한 예는 탈출기의 다음 구절들에서 찾아볼 수 있다.

> 이렇게 해서 성막, 곧 만남의 천막 공사가 모두 끝났다. 이스라엘 자손들은 주님께서 모세에게 명령하신 대로 다 하였다.(탈출 39,32)

> 이스라엘 자손들은 모든 일을 주님께서 모세에게 명령하신 대로 다 하였다. 모세가 그 모든 것을 살펴보니 주님께서 명령하신 대로 되어 있었다. 그래서 모세는 그들에게 축복하였다.(탈출 39,42-43)

> 모세는 주님께서 명령하신 대로 다 하였다.(탈출 40,16)

> 주님께서 모세에게 명령하신 대로였다.(탈출 40,32)

이 일련의 형식들은 하나는 시작부에, 다른 하나는 끝부분에 나타난다. 이는 다음의 세 가지 사실을 보여 주고자 한다. 첫째, 이스라엘 백성 고유의 예식은 이집트 탈출 체험 중 시나이산 아래에서 형성되었다. 둘째, 이러한 예식 자체가 모세라는 인물을 가리키며, 셋째, 모세가 하느님께서 그에게 이행하라고 명령하셨던 모든 것과 그 이행 과정을 일치시켰다는 사실이다. 이러한 사실은 탈출기 25~31장과 35~40장 사이의 세부 사항에 대해서까지 길게 반복되는 내용의 의미가 무엇인지를 설명한다.

법의 세계는 다소 지루하게 느껴질 수 있다. 특히 성소와 그 기물들의 건립에 대한 모든 세부 사항을 묘사하는 여러 장에서 더 그럴 것이다. 다른 한편으로, 계약 법전(탈출 21-23장 참조)은 오늘날 우리와는 다른 먼 세계에서 유래한 법이지만, 더 주의 깊게 연구한다면 이곳에서도 친숙하고도 인간적인 법의 밑그림을 발견할 수 있다. 이 부분에 나타난 법의 역할은 이스라엘 백성에게 인간적 처사를 가르치기 위한 것이기 때문이다. 때문에 이 법은 강요보다는 설득을 추구하며, 그러기에 처벌 규정을 거의 포함하지 않는다.

전례 예식에 관한 장들은 독자들에게는 다소 덜 매력적일 수 있다. 그럼에도 이스라엘이 세밀한 부분에 이르기까지 자신들의 주님에 대한 섬김을 얼마나 진지하게 대했는지 보여 준다. 독일의 격언 중에 이런 말이 있다. "하느님께서는 세심한 곳에서 발견되신다." 탈출기 25~31장과 35~40장은 이를 가장 잘 보여 준다.

제5장

첫 번째 주제

이스라엘의 주님은 누구이신가?

불타는 떨기나무에서 나타나신 하느님 앞에서 얼굴을 가리는 모세.

도메니카노(Domenichino), 1610~1616년.
구리에 유채, 45.1 × 34 cm.
메트로폴리탄 미술관, 뉴욕, 미국.

"나는 주 너의 하느님이다."

탈출기의 중심 주제 중 하나는 당신 백성에 대한 주님의 주권이다. 하느님께서 이러한 주권을 드러내시는 계기는 그 반대 세력인 파라오와 금송아지의 등장이었다. 이스라엘의 하느님께서는 당신 이름을 이집트 탈출 체험과 영원히 결부시키신다. 이것은 이스라엘 법의 요약이자 근본인 십계명이 명령조가 아닌 직설법으로 시작되는 이유이기도 하다. "나는 너를 이집트 땅, 종살이하던 집에서 이끌어 낸 주 너의 하느님이다."(탈출 20,2) 직설법으로 표현된 이 선언은 이스라엘의 모든 나머지 법을 정당화한다.

이스라엘 백성은 자신들의 존재, 곧 자유로운 존재를 오로지 하느님께 빚지고 있다. 그러므로 해방된 당신 백성 앞에서의 해방자 하느님께서 하시는 요구는 모두 이 뿌리에서 유래하는 것이다. 좀 더 신학적으로 표현하자면, 하느님의 은총은 계명보다 앞서며 계명을 정당화한다고 이야기할 수 있다. 그러므로 이스라엘의 하느님께서 어떤 방식으로 당신 자신을 백성에게 드러내시고 그들의 주님이심을 보여 주시는지 이해하는 것이 중요하다. 이러한 목적으로 탈출기의 첫 열다섯 장을 주의 깊게 살펴보자.

파라오가 저지른 죄의 본질

이스라엘 백성에 대한 하느님의 주권이 맞닥뜨린 첫 번째 장애물은 파라오다. 탈출기에 등장하는 두 명의 파라오는 각자 자신의 무지를 드러냈다. 첫 번째로 언급되는 억압적인 파라오는 "요셉을 알지 못하고"(탈출 1,8 참조), 이집트 탈출 시기에 해당하는 두 번째 파라오는 "주님을 알지 못한다."(탈출 5,2 참조)

첫 파라오는 요셉을 몰랐기에 이스라엘 백성이 왜 이집트에 있는지도 모른다. 이러한 무지는 두려움을 낳고, 두려움은 폭정을 낳는다. 결국 파라오는 이스라엘 백성이 급격히 증가하자 고통스러운 중노동을 하게 하여 그들이 삶을 이어 가지 못하도록 억압하는 정책을 펼친다. 하지만 파라오는 이스라엘 백성을 부당한 방법으로 고통스럽게 한 것에만 책임이 있지 않다. 왜 그럴까? 우리는 탈출기의 다음 구절에서 나타나는 정의에 관한 질문 또한 생각해야 한다.

> 그리하여 이집트인들은 이스라엘 자손들을 더욱 **혹독하게** 부렸다. 진흙을 이겨 벽돌을 만드는 고된 일과 온갖 들일 등, 모두 일을 혹독하게 시켜 그들의 삶을 **쓰디쓰게** 만들었다.(탈출 1,13-14)

여기에서 중요한 단어는 이 '혹독하게, 쓰디쓰게'다.[11] 억압자 파라오는 성경의 세계에서 이미 심판받은 이로서 중대한 범죄를 저질렀다. 성경 내 법에서는 주인이 종을 혹독하게 대하는 것을 금지한다(레위 25,43.46.53 참조). 법이 아닌 다른 성경 부분에서도 마찬가지다. 예를 들어 에제키엘 예언자는 이스라엘의 목자(혹은 주인)가 자신의 양들을 '폭력과 강압'으로 대했다는 것을 고발한다(에제 34,4 참조). 탈출기 본문에서는 이처럼 다른 성경 부분에서도 드러나는 규범과 이 규범을 어긴 이에 대한 비판이 이집트 통치자인 파라오에게도 적용된다. 이것은 강력한 힘을 지닌 권력자가 약자를 억압할 때 자신들을 방어해야 하는 상황에 이 법이 존재해야 함을 의미하고, 다른 나라에서도 통용되어야 함을 나타낸다. 따라서 파라오는 '큰 보상'을 치러야 하는 범죄를 저지른 것이라고 할 수 있다.

두 번째 요소도 성경의 법에서 유래한다. 개인의 자유는 신성하

11 히브리어 원문에서 이 두 단어는 같은 표현이다.

다. 한 사람을 납치하여 종으로 팔아 버리는 행동은 죽음으로 그 죄를 갚아야 하는 중범죄다(탈출 21,16; 신명 24,7 참조). 물론 파라오는 애초부터 이스라엘 사람들을 노예 신분으로 전락시키려고 납치하지는 않았지만, 분명 그들의 자유를 침탈하고 그들의 삶을 '쓰디쓰게' 만들었다(탈출 1,14 참조). 이 부분은 이스라엘 백성이 마주한 새로운 상황의 고통스러운 면과 그들이 감내했던 고통을 이야기한다. 따라서 성경의 법에서 누군가의 자유를 빼앗는 것은 중대한 범죄임을 잊어서는 안 된다.

세 번째로 탈출기의 다음 본문을 살펴보자.

> 오랜 세월이 지난 뒤 이집트 임금이 죽었다. 이스라엘 자손들은 고역에 짓눌려 탄식하며 부르짖었다. 그러자 고역에 짓눌려 도움을 청하는 그들의 소리가 하느님께 올라갔다. 하느님께서 그들의 신음 소리를 들으시고, 아브라함과 이사악과 야곱과 맺으신 당신의 계약을 기억하셨다. 하느님께서는 이스라엘 자손들을 **살펴보시고** 그 처지를 **알게 되셨다.**(탈출 2,23-25)

이 부분 역시 심판적 언어를 담고 있다. "하느님께서는 이스라엘 자손들을 살펴보시고 그 처지를 알게 되셨다."(탈출 2,25) 사실 이 문장은 쉽게 번역할 수 있는 구절이 아니다. 어떤 이들에게는 이 본문이 단순하거나 불완전해 보일 것이다. 여기에서 사용된 '(살펴)보다'

와 '알게 되셨다'라는 동사는 무엇을 조사하거나 검사하는 것, 때로는 어느 사건의 결과를 묘사하는 부분에서 더 발견된다. 예를 들어 소돔에서 일어날 일 이전에 하느님께서는 그곳에 내려가시기 전, 다음과 같이 말씀하신다.

> "이제 내가 내려가서, 저들 모두가 저지른 짓이 나에게 들려온 그 원성과 같은 것인지 아닌지를 **알아보아야겠다.**"(창세 18,21)

이 구절을 통해 소돔 주민들에 대한 원성이 하느님에게까지 올라갔고, 하느님께서 이를 들으시고 이제 소돔의 운명을 결정하시기 전에 이 원성이 사실인지 확인하러 내려가셨음을 알 수 있다.

이와 관련하여 우리는 탈출기 본문에서 앞서 언급한 세 가지 순간을 발견한다. 먼저 이스라엘의 부르짖음이 하느님에게까지 올라가 그분께서 이를 들으시고, 이에 하느님께서 그들의 부르짖음이 사실에 입각한 것인지 확인하러 내려오신 후 결정을 내리신다는 것이다.

여기서 중요하게 생각해야 할 부분이 있다. 하느님께서는 왜 당신 백성을 위해 행동하시는 것일까? 그 이유는 명백하다. 이스라엘 백성의 선조인 아브라함, 이사악 그리고 야곱과 맺으신 계약 때문이다. 하느님께서는 그 계약을 기억하시고 그 계약대로 행동하신다. 하느님과 하나의 '계약'으로 맺어져 특별한 관계를 형성한 이들,

즉 억압당하는 이스라엘 백성을 지켜 주시는 분은 다름 아닌 하느님이신 것이다. 하느님께서는 도움을 청하는 백성들의 부르짖음을 들으시고 결정을 내리신다. 이에 따라 내려진 그분의 답변은 무엇인가? 바로 모세다. 그렇기에 이스라엘 백성의 부르짖음에 모세의 부르심이 뒤따른다(탈출 3,1-4,18 참조).

모세의 사명이 시작되다

모세의 부르심을 다룬 이야기 중에서 구약 성경 내에서 가장 활발히 연구되고 논의되는 구절이 있다. 바로 하느님께서 당신의 이름을 모세에게 계시하시는 부분이다.

> 하느님께서 모세에게 "나는 있는 나다." 하고 대답하셨다.(탈출 3,14)

이어서 하느님께서는 이렇게 말씀하신다.

> "너는 이스라엘 자손들에게 '있는 나'께서 나를 너희에게 보내셨다.' 하여라."(탈출 3,14)

극도로 간결하고 불가사의하며 어려운 표현이다. 어쩌면 하느님께서 당신 자신을 '있는 이'라고 표현하시며 드러나는 신비성 역시 그분의 뜻일 수도 있다. 그럼에도 한 가지는 확실하다. 하느님께서는 당신의 이름을 이스라엘 백성의 구원과 모세의 사명이 지닌 효력과 연결시키신다는 것이다.

이 이야기는 다소 길지만, 적어도 그 세부 사항은 살펴볼 필요가 있다. 하느님께서는 불타는 떨기나무에서 모세에게 나타나신다. 모세는 신발을 벗고 얼굴을 가린다. 그런 모세에게 하느님께서는 다음과 같이 말씀하신다.

> 주님께서 말씀하셨다. "나는 이집트에 있는 내 백성이 겪는 고난을 똑똑히 **보았고**, 작업 감독들 때문에 울부짖는 그들의 소리를 **들었다**. 정녕 나는 그들의 고통을 **알고 있다**. 그래서 내가 그들을 이집트인들의 손에서 구하여, 그 땅에서 저 좋고 넓은 땅, 젖과 꿀이 흐르는 땅, 곧 가나안족과 히타이트족과 아모리족과 프리즈족과 히위족과 여부스족이 사는 곳으로 데리고 올라가려고 내려왔다."(탈출 3,7-8)

하느님께서는 '보셨고, 들으셨고, 알고 계시다.' 이것이 얼굴을 가린(탈출 3,6 참조) 모세에게 전달된 바다. 즉 모세가 하느님께서 보신 바를 보도록, 하느님께서 들으신 것을 듣도록, 그분께서 아시는 바를 알도록 초대받았음을 의미한다. 어쩌면 이렇게 표현할 수도 있겠다. 이제부터 모세가 하느님의 눈을 통해 볼 것이고, 하느님의 귀를 통해 들을 것이며, 하느님의 마음을 통해 알게 될 것이라고 말이다. 모세는 이스라엘 백성이 마주한 견딜 수 없는 상황에 눈을 뜨게 되는 새로운 감각을 얻는다. 이를 통해 그가 생각한 바를 행동으로 옮길 수 있도록 이끌어 준다.

"내가 이제 너를 파라오에게 보낼 터이니, 내 백성 이스라엘 자손들을 이집트에서 이끌어 내어라."(탈출 3,10)

이 행동은 두 가지 목적을 포함한다. 첫째 목적은 하느님께서 당신 백성을 노예 상태에서 해방하실 것을 말하고, 둘째 목적은 이 해방을 이루기 위해서 파라오가 변하도록 그의 마음을 돌리는 것이다. 우리는 이 부분에서 언급되는 파라오가 이전에 억압 정책을 시작하고 머지않아 사망했던 파라오가 아니라, 그의 정책을 계승한 새로운 파라오임을 기억해야 한다(탈출 2,23; 4,19 참조). 그는 이스라엘 백성에 대해서 선임 파라오보다 더 좋은 의도를 가질 생각이 없었다. 하느님께서는 이미 이 생각을 아시고, 이집트 권력자의 억압을 예상하신 가운데 계획을 하나 수립하신다.

"그러나 강한 손으로 몰아세우지 않는 한, 이집트 임금은 너희를 내보내지 않으리라는 것을 나는 안다. 그러므로 나는 손을 내뻗어 이집트에서 온갖 기적을 일으켜 그 나라를 치겠다. 그런 뒤에야 그가 너희

를 내보낼 것이다."(탈출 3,19-20)

따라서 이 계획은 세 단계를 거친다. 즉 결실을 맺지 못한 첫 번째 파견, 일련의 '재앙', 그리고 마지막으로 파라오가 수용할 '해방'을 거치는 것이다. 이제 모세와 그의 형 아론이 첫 번째 파견에서 실패하는 탈출기 5장(첫 번째 단계)부터 시작하여, 열 번의 이집트 재앙을 거쳐(탈출 6-12장 참조), 마지막으로 열 번째 재앙 이후 파라오가 이스라엘을 풀어 주는 장면(탈출 12장 참조)이 전개될 것이다.

파라오의 거부와 하느님의 응답

지금까지 탈출기의 주요 줄거리는 거의 그려졌듯이 보이지만, 아직 완전하지 않다. 두 가지 중요한 사안이 앞서 언급한 '첫 번째 단계'에 뒤따르기 때문이다. 모세가 아론과 함께 파라오를 처음으로 대면할 때, 파라오는 모세와 아론의 말을 듣지 않는다(탈출 5,1-5 참조). 종살이하는 이스라엘 백성을 내보내기는커녕, 오히려 그들이 짊어진 노동의 무게를 더해 고통스럽게 만든다. 벽돌을 만드는 데 쓰는 짚을 모으는 일까지 맡긴 것이다(탈출 5,6-9 참조). 하지만 더욱 중요한 것은 파라오의 말에서 나타나듯이, 이런 결정을 내린 그의 동기에 있다.

"그 주님이 누구이기에 그의 말을 듣고 이스라엘을 내보내라는 것이냐? 나는 그 주님을 알지도 못할뿐더러, 이스라엘을 내보내지도 않겠다."(탈출 5,2)

상황은 더욱 나빠게 흘러간다. 이러한 비극적이고도 근본적으로 불의한 상황을 끝내는 것 못지않게, 모세는 파라오에게 자신이 말하는 하느님이 다름 아닌 '주님'이시라는 사실을 확신시켜야 했다. 전임 파라오가 요셉을 알지 못했던(탈출 1,8 참조) 것에 이어, 모세에게 당신 자신의 이름을 드러낸 이스라엘의 하느님(탈출 3,14 참조)을 모르는 현임 파라오의 더 심각한 무지가 뒤따르는 것이다.

여기에서 두 가지 사실을 알 수 있다. 하느님께서는 당신 백성 이스라엘을 노예 상태에서 해방하심으로써 그들의 상황을 급격히 변화시키시고, 다른 한편으로는 당신의 힘을 파라오에게 드러내시어 그가 주님을 '알게 할' 것이라는 점이다. 이집트의 재앙이 실현된 것은 바로 이 때문이다. 우리는 이 장들을 단순히 악의적인 파라오에게 주어진 일련의 징벌로 해석할 수 있다. 하지만 이집트 재앙의 대부분은 어디까지나 주님을 모르고 알려고도 하지 않는 이에게 '주님을 알게 하는 것'이라는 목적이 있다. 이 사실은 이집트의 재앙을 다룬 모든 부분에 앞서 언급되는 것으로, 하느님께서 모세에게 건네신 계획적 담화에서 이미 말씀하신 바다(탈출 7,1-5 참조).

"내가 이집트 위로 내 손을 뻗어 그들 가운데에서 이스라엘 자손들을 이끌어 내면, 이집트인들은 내가 주님임을 알게 될 것이다."(탈출 7,5)

'알도록 깨우치는 형식'은 이집트 재앙 이야기와 갈대 바다를 건널 때의 이야기 흐름 가운데에서도 다양한 형식을 통해 반복된다(탈출 7,17; 8,6.18; 9,14; 10,2; 14,4.18 참조). 이스라엘의 하느님께서는 중노동에 시달리는 이스라엘 백성을 자유롭게 하라고 파라오에게 강력히 명령하실 뿐만 아니라, 파라오가 어떠한 연유로, 누구에게 순종해야 하는지 알기를 원하신다. 이렇게 하느님께서는 파라오가 지배할 수 없는 자연의 힘을 지닌 주님으로서 당신 자신을 드러내시는 것이다.

'표징과 기적' 그리고 최종적인 심판

재앙 이야기의 두 번째 중요한 요소는 탈출기 7장 1~5절의 계획적 담화에서도 찾을 수 있다. 여기에서 이집트 재앙은 처벌이나 징벌보다는 '표징과 기적'으로 나타난다.

"그러나 나는 파라오의 마음을 완고하게 하고, 이집트 땅에서 표징

과 기적을 많이 일으키겠다."(탈출 7,3)

'표징과 기적'은 다가오는 심판을 알리며, 따라서 하느님께서 곧 결정적인 방식으로 개입하실 것임을 미리 알리는 역할을 한다. 즉 마지막 심판이 다가오기 전에 나타나는 일종의 경고인 것이다. 하지만 우리가 알듯이 파라오는 마음을 바꾸지 않았고 결국 심판이 불가피해진다. 이 두 단계는 다음의 신적 담화에 구분되어 있다.

"그러나 나는 파라오의 마음을 완고하게 하고, 이집트 땅에서 표징과 기적을 많이 일으키겠다. 그래도 파라오가 너희 말을 듣지 않으면, 나는 이집트에 내 손을 뻗쳐 큰 심판을 내려서 나의 군대, 곧 나의 백성 이스라엘 자손들을 이집트 땅에서 이끌어 내겠다."(탈출 7,3-4)

'큰 심판'은 하느님께서 이집트에 가하실 '표징과 기적'에 뒤따른다. 표징과 기적의 결말은 아홉 번째 재앙 이후, 맏배들의 죽음 이전 상황에서 잘 나타난다.

모세와 아론은 파라오 앞에서 이 모든 기적을 일으켰다. 그러나 주님께서는 파라오의 마음을 완고하게 하셨다. 그리하여 파라오는 이스라엘 자손들을 자기 땅에서 내보내지 않았다.(탈출 11,10)

우리가 알아야 할 것이 또 있다. 하느님께서 언제 파라오와 이집트인들을 결정적으로 심판하실 것인지에 관해서다. 현재의 탈출기 이야기 형태에서는 두 가지 결론을 찾을 수 있다.

첫 번째 문장은 이집트 맏배들이 죽음을 맞는 열 번째 재앙을 다룬 12장에서 찾을 수 있다. 사실 파라오는 열 번째 신적 개입 이후에야 이스라엘 백성이 이집트를 떠날 수 있도록 한다(탈출 12,31-34.37-42.51 참조). 이것은 모세가 파라오를 향한 첫 번째 파견에서 실패한 직후에 하느님께서 모세에게 이야기하신 내용이기도 하다.

> 그러자 주님께서 모세에게 말씀하셨다. "이제 너는 내가 파라오에게 어떻게 하는지 보게 될 것이다. 정녕 그는 강한 손에 밀려 그들을 내보낼 것이다. 강한 손에 밀려 그가 자기 땅에서 그들을 내쫓을 것이다."(탈출 6,1)

그리고 하느님께서는 바로 열 번째 재앙 이전에 그 순간이 도래했음을 선포하신다.

> 주님께서 모세에게 말씀하셨다. "나는 이제 파라오와 이집트에 한 가지 재앙을 더 내리겠다. 그런 다음에야 그가 너희를 이곳에서 내보낼 것이다. 그가 너희를 내보낼 때에는 아예 너희를 모조리 이곳에서 내쫓을 것이다."(탈출 11,1)

하지만 이미 언급한 바와 같이, 사흘 이후 파라오는 생각을 바꾸고 이집트의 강력한 병거와 기마 부대를 이끌고 광야에서 행진하는 이스라엘 백성을 뒤쫓으러 떠난다(탈출 14,5-9 참조). 여기에서 하느님께서는 다시 한번 개입하시고, 파라오의 모든 군대는 바다에 삼켜진다(탈출 14,27-28 참조). 주님이신 하느님께서는 모세에게 "이집트인들은 내가 주님임을 알게 될 것이다."(탈출 14,4.18 참조)라고 말씀하셨다. 여기서 흥미로운 점이 있다. 물이 되돌아와 이집트인들이 깜짝 놀랄 때, 그들이 이집트의 신인 '아몬Amon'이나 '라', '토트', '세트Seth'를 이야기하지 않는다는 것이다. 그들은 이렇게 말한다. "주님YHWH이 그들을 위해서 이집트와 싸우신다."(탈출 14,25)

이 말은 바로 파라오가 몇 장 전에 던졌던 질문과 연결된다. "그 주님이 누구이기에 그의 말을 듣고 이스라엘을 내보내라는 것이냐?"(탈출 5,2) 파라오의 부하들인 이집트인들이 소리친 말은 이 질문에 대한 답이자, 하느님께서 이후에 응답하실 것이라 약속하셨던 것이다. "내가 이집트 위로 내 손을 뻗어 그들 가운데에서 이스라엘 자손들을 이끌어 내면, 이집트인들은 내가 주님임을 알게 될 것이다."(탈출 7,5)

이제 하느님께서는 당신 백성을 노예 상태에서 해방하셨을 뿐만 아니라, 파라오와 이집트인들에게 당신의 힘을 드러내시게 되었다. 그래서 모세와 미르얌 그리고 이스라엘의 여인들, 함께해 온 백성이 그분을 노래로 기릴 수 있게 된다(탈출 15,1-21 참조). 이 승리의 노래는 탈출기 이야기의 가장 중요한 부분을 적절한 방식으로 이야기하며 다음과 같은 선언을 담고 있다. "주님께서는 영원무궁토록 다스리신다."(탈출 15,18)

이처럼 탈출기의 첫 열다섯 장은 이스라엘 백성을 노예로 만든 이집트의 억압으로 시작하여 광야의 바다 끝자락에서 부르는 승리의 노래로 끝난다. 이스라엘의 하느님께서는 파라오에게 승리를 거두셨다. 그분께서는 파라오조차도 가장 기본적인 정의 원칙을 어길 수 없음을 보이시며, 창조물과 자연에 대한 당신의 통치권을 확실히 드러내신 것이다.

제6장

두 번째 주제

완고한 파라오와 이집트 재앙

이집트의 강물을 피로 변하게 하는 모세와 아론.

바르톨로메우스 브린베르흐(Bartholomeus Breenbergh), 1631년.

판넬에 유채, 58.1 × 83.2 cm.

폴 게티 미술관, 로스앤젤레스, 미국.

"그러나 나는 그의 마음을 완고하게 하여 내 백성을 내보내지 않게 하겠다."(탈출 4,21)

우리는 탈출기 내에서 파라오의 완고함과 이집트 재앙이라는 주제를 마주한다. 불타는 떨기나무 장면 이후 이집트로 돌아간 모세에게, 하느님께서는 이 같은 난해한 계획을 말씀하신다. 누군가에게는 파라오의 거절의 원인이 하느님께 있는 것처럼 비칠 수 있다. 아니면 차라리 하느님께서 파라오가 순순히 백성을 놓아 주도록 하시는 것은 어땠을까 생각할 수도 있다. 겉보기에는 이 방법이 더 논리적으로 보인다. 하느님께서는 파라오에게 가서 이스라엘 백성을 노예 상태에서 풀어 주도록 전하라고 모세에게 말씀하시면서도, 결국 실패가 기다리는 곳으로 모세를 보내시는 셈이기 때문이다. 이는 그다지 호의적으로 보이지 않는다. 그렇다면 이 모든 것을 어떻게 이해해야 할까?

하느님의 진정한 승리

하느님의 이러한 방식을 더 잘 이해하기 위해서는 다음의 두 가지 사실을 반드시 알아야 한다.

첫째, 성경에서 '마음'은 지성이 자리를 잡은 곳이자 이해와 의사결정이 이루어지는 곳임을 알아야 한다. 눈으로 보고 귀로 들으면 마음으로 '이해'하는 것이다. "그러나 주님께서는 오늘날까지 너희에게 깨닫는 마음과 보는 눈과 듣는 귀를 주지 않으셨다."(신명 29,3)

블레즈 파스칼Blaise Pascal(1623~1662년)은 《팡세*Pensées*》에서 "마음은 그의 이성을, 알지 못하는 그 이성을 갖는다."라고 말했다. 이 말은 파스칼이 성경적 사상을 계승했음을 의미한다(실제로 그는 성경을 열심히 읽었다). 인간은 마음을 통해 이해할 수 있다. 마음을 통한 이해는 단순히 추상적인 지성의 이해보다 더 넓고 완전하다.

이것은 중요한 고찰이다. 이집트 재앙 이야기 속 하느님과 파라오의 승부는 단순한 강대강의 힘겨루기가 아니다. 이성과 합리성의 장에서 펼쳐지는 것이다. 곧 여기서 승리를 거두는 것은 '힘'이 아니라 '이성'과 '지성'이다. 하느님께서는 결국 승리하신다. 단순히 하느님이 가장 강하시기 때문이라기보다는 '옳은 분'이시기 때문이다. 하지만 이 승부는 예레미야 예언자가 이야기했듯이 인간적인 측면에서는 순조롭게 이루어지지 않는다.

> 사람의 마음은 만물보다 더 교활하여 치유될 가망이 없으니 누가 그 마음을 알리오? 내가 바로 마음을 살피고 속을 떠보는 주님이다. 나는 사람마다 제 길에 따라, 제 행실의 결과에 따라 갚는다.(예레 17,9-10)

이집트 재앙 이야기는 오직 하느님께서만 성공하시고 또한 마음을 꿰뚫어 보신다는 것을 증거한다. 그분께서는 파라오의 마음도 그렇게 만드시며, 파라오가 자신의 패배를 향해 가는 순간까지 그렇게 반응하도록 하신다.

하느님 중심의 세계

둘째, 우리가 사는 지금의 사고방식과 고대 근동의 사고방식에 차이가 있음을 잊어서는 안 된다. 오늘날 세상은 다분히 인간 중심적이며, 인격과 그 제반 학문, 법, 특히 인간의 자율성을 중점에 둔다. 반면 고대 근동에 속한 성경의 세계는 철저히 하느님 중심적이다. 탈출기의 저자는 파라오가 자율적이고 그에 따른 책임이 있는 사람인지에 관심을 두기보다는, 하느님의 힘이 이집트까지 확장되어 있음을 보여 주려 한다. 달리 말해, 하느님께서는 모든 것을 다 아시지만 정작 파라오는 아무것도 결정할 수 없으며 심지어 자신의 결정조차 통제하지 못한다는 점이 드러나는 것이다. 하느님께서는 그분의 적대자들이 어떤 결정을 내릴지도 통제하신다. 이스라엘 하느님의 힘 앞에서는 그 누구도 도망칠 수 없으며, 가장 강력한 권력자가 내리는 결심조차 예외가 되지 못한다. 사실 성경 내에서 파라오는 세속 권력의 극치를 상징한다. 그는 온 지상 세계의 가장 강력한 권력자다. 하지만 이집트 재앙 이야기에서 볼 수 있듯이, 파라오는 절대적 주권자가 되지 못하며, 자신의 영역이라 믿는 이집트에서조차 마찬가지다.

다시 말해 파라오의 모든 결정은 하느님의 신적 결정에서 나온 결과다. 어찌 되었든 파라오는 모세의 말에 반응하지만, 결코 자신의 동기 부여로 반응한 것이 아니다. 우리가 이 이야기에서 발견하는 '마음을 완고하게 하신다'라는 표현의 의미는 '반응하도록 의무 지운다', '대답하도록 강요한다', '유발시키다', '하나의 답변을 유도하다'를 뜻한다. 비록 그 답변이 부정적이라도 말이다.

하느님의 말씀은 항상 유효하다

이 모든 것에 마지막 요소를 덧붙일 수 있다. 성경의 세계에서, 하느님의 말씀은 이를 거부하는 이들에게조차 유효하다는 것이다. 이는 이사야서의 예언이 확증하는 바와 같다.

> 비와 눈은 하늘에서 내려와 그리로 돌아가지 않고 오히려 땅을 적시어 기름지게 하고 싹이 돋아나게 하여 씨 뿌리는 사람에게 씨앗을 주고 먹는 이에게 양식을 준다. 이처럼 내 입에서 나가는 나의 말도 나에게 헛되이 돌아오지 않고 반드시 내가 뜻하는 바를 이루며 내가 내린 사명을 완수하고야 만다.(이사 55,10-11)

따라서 하느님의 말씀은 항상 효과가 있다. 만약 그렇지 않다면, 하느님의 전능하심은 의문에 부쳐질 것이다. 만약 하느님의 말씀이 거절이나 반대를 마주했을 때 이 효과는 어떻게 설명할 수 있는가? 바로 이것이 '마음의 완고함'이라는 표현이 설명하려는 바다. 즉 이러한 반응을 일으키는 것은 하느님의 말씀 자체다. 결코 인간이 주도하는 것이 아닌 것이다. 다시 말해 '파라오'의 반대가 아니라 하느님 '말씀'에 대한 거부다. 이것이 바로 성경 본문이 확증하는 것이다. 하느님의 말씀은 '항상' 유효하며, 탈출기의 파라오조차 이를 무시할 수 없다. 물론 답변의 결과는 긍정적 혹은 부정적으로 다양하게 드러날 수 있다. 하지만 성경의 다른 부분에서와 같이 탈출기 이야기에서는 이 말씀의 유효성을 주장한다. 하느님의 말씀은 무시할 수 없으며, 결코 가볍게 여겨서도 안 된다.

파라오의 제한적인 힘

이집트 재앙의 구체적 목적, 그리고 '표징과 기적'이 보여 주고자 하는 것은 무엇일까? 사실 이집트 재앙의 대부분은 자연 현상을 다룬다. 물이 피로 변하는 재앙은 잘 알려졌듯이, 중앙아프리카의 우기 때 나일강의 연례 홍수 시기와 연관이 있다. 이로 인해 나일강 강물에 진흙이 섞여 붉게 물들곤 한다. 개구리, 해충, 가축병의 발생 등은 메뚜기 떼의 출몰과 더불어 이집트에서 알려진 현상들이다. 우박의 경우는 이집트에서는 희귀하지만, 이스라엘에서는 종종 발견된다. 그래서 우박에 관한 이야기가 자세하게 언급된 것으로 보인다. 모래 폭풍은 '시로코' 혹은 '캄신'으로도 불리는데, 이 폭풍은 온 나라를 어둠으로 덮어 버린다. 결국 맏배들의 죽음이 절대적 의미에서 진정한 '재앙'으로 불릴 수 있다(탈출 11,1 참조).

이처럼 현재 우리가 읽는 탈출기의 기록은 다소 두드러진 측면이 있음을 알아 둘 필요가 있다. 실제로 이 재앙이 처음 언급될 때는 파라오의 맏아들만 언급된다. 하느님께서는 모세에게 다음과 같이 말씀하신다.

"그러면 너는 '주님께서 이렇게 말씀하십니다.' 하고, 파라오에게 말하여라. '이스라엘은 나의 맏아들이다. 내가 너에게 내 아들을 내보내어 나를 예배하게 하라고 말하였건만, 너는 거부하며 그를 내보내지 않았다. 그러니 이제 내가 너의 맏아들을 죽이겠다.'"(탈출 4,22-23)

왕실의 후계자인 파라오의 맏배의 죽음이 국가적 재앙으로 여겨질 것은 분명하다. 한편 이후의 성경 구절에서는 가축의 맏배를 포함한 모든 이집트의 맏아들이 죽을 것임을 이야기하는데, 아마도 가축의 맏배를 봉헌하는 관습과 연관된 것으로 보인다(탈출 12,29; 13,2 참조).

이미 살펴보았듯이 '표징과 기적'은 이집트와 파라오에게 누가 주님이신지를 '일깨우는' 것이다(탈출 7,5 참조). 특히 파라오는 대자연에 명령할 수 없음을 깨닫고, 자신의 힘이 제한적이라는 사실을 알게 될 것이다. 이집트에서는 바람, 구름, 해충과 강에도 명령할 수 있는, 그보다 더 큰 힘이 존재한다. 따라서 모세는 더 우월한 힘의 이름으로 이스라엘 백성을 해방할 것을 요구한다. 다시 말하지만, 이집트에서도 파라오의 힘은 제한적이다. 파라오는 이스라엘 백성에게서 자유를 빼앗을 권리가 없기 때문이다.

이집트 재앙 이야기의 구성

우리는 재앙 이야기가 '구성된 것'이라는 사실에 대해 앞서 한 가지 예를 들었다. 실제로 이 이야기에서 매우 일관성 있는 구성이 돋보인다. 그리고 이러한 세심한 구성은 여러 랍비들에게서도 공감을 얻는다. 열 번째 재앙이 다른 재앙들에 비해 다른 특성을 보이는 만큼, 앞선 나머지 아홉 '표징과 기적'을 먼저 이야기해 보자.

이 아홉 재앙은 각각 세 가지의 연속적 재앙군으로 쉽게 분류될 수 있다(1~3번째, 4~6번째, 7~9번째). 세 가지 재앙군에서 다음의 재앙(1, 4, 7번째)들은 모두 비슷한 방식으로 시작된다. 모세는 아침에 나일강 강변으로 파라오를 찾으러 간다.

> **첫째 재앙**(**물이 피가 되다**): 주님께서 모세에게 말씀하셨다. "아침에 파라오에게 가거라. 그가 물가로 나갈 터이니, 나일강 가에 서 있다가 그를 만나라. 뱀으로 변하였던 그 지팡이도 손에 쥐고 있어라."(탈출 7,14-15)

> **넷째 재앙**(**등에 소동**): 주님께서 모세에게 말씀하셨다. "너는 아침 일찍 일어나 파라오 앞에 나서라. 그가 물가로 나오면, '주님께서 이렇게 말씀하십니다.' 하고 그에게 말하여라. '나의 백성을 내보내어 나를 예배하게 하여라.'"(탈출 8,16)

일곱째 재앙(우박): 주님께서 모세에게 말씀하셨다. "너는 아침 일찍 일어나 파라오 앞에 나서서, '주 히브리인들의 하느님께서 이렇게 말씀하십니다.' 하고 그에게 말하여라. '내 백성을 내보내어 나를 예배하게 하여라.'"(탈출 9,13)

다음의 재앙(2, 5, 8번째)들은 다른 방식으로 시작된다. 이 경우 모세는 파라오에게 신적 메시지를 전하기 위해 가야 한다.

둘째 재앙(개구리 소동): 주님께서 모세에게 말씀하셨다. "파라오에게 가서, '주님께서 이렇게 말씀하십니다.' 하고 말하여라. '나의 백성을 내보내어 나를 예배하게 하여라.'"(탈출 7,26)

다섯째 재앙(가축병): 주님께서 모세에게 말씀하셨다. "파라오에게 가서, '주 히브리인들의 하느님께서 이렇게 말씀하십니다.' 하고 그에게 일러라. '내 백성을 내보내어 나를 예배하게 하여라.'"(탈출 9,1)

여덟째 재앙(메뚜기 소동): 주님께서 모세에게 말씀하셨다. "파라오에게 가거라. 그의 마음과 그 신하들의 마음을 완강하게 만든 것은 나다. 그것은 그들 한가운데에 나의 이 표징들을 일으키려는 것이다."(탈출 10,1)

마지막으로 다음의 재앙(3, 6, 9번째)들에서는 파라오와 사전에 나누는 대화가 없다.

셋째 재앙(모기 소동): 주님께서 모세에게 말씀하셨다. "너는 아론에게, 지팡이를 뻗어 땅의 먼지를 쳐서, 그것을 이집트 온 땅에서 모기로 변하게 하라고 말하여라."(탈출 8,12)

여섯째 재앙(종기): 주님께서 모세와 아론에게 말씀하셨다. "너희는 가마에 있는 그을음을 두 손 가득히 쥐어라. 그리고 모세가 그것을 파라오 앞에서 공중으로 뿌려라."(탈출 9,8)

아홉째 재앙(어둠): 주님께서 모세에게 말씀하셨다. "하늘로 손을 뻗어라. 그리하여 어둠이, 손으로 만져질 듯한 어둠이 이집트 땅을 덮게 하여라."(탈출 10,21)

더 나아가 어떤 요소들은 하나의 재앙 또는 기적에서 다른 재앙으로 특정하게 진행되는 과정을 묘사한다. 예를 들어 이집트 요술사들은 나일강을 피로 변화시키고(첫째 재앙, 탈출 7,22 참조), 이집트에서 개구리를 만들어 낸다(둘째 재앙, 탈출 8,3 참조). 하지만 그들은 모기를 생겨나게 할 수는 없었다(셋째 재앙, 탈출 8,14 참조). 결국 여섯 번째 재앙에서는 요술사들조차 종기 때문에 파라오 앞에 나설 수 없게 된다(여섯째 재앙, 탈출 9,11 참조).

우리는 파라오의 마음이 완고해지는 빈도수에서도 뚜렷한 발전이 있음을 알 수 있다. 먼저 첫 번째 재앙군에서, 파라오는 앞선 두 재앙에서 마음을 완강하게 먹고(탈출 7,22; 8,11 참조) 세 번째 재앙에서 스스로 마음을 완고히 한다(탈출 8,15 참조).

두 번째 재앙군의 경우, 파라오는 네 번째 재앙에서 마음을 완고히 먹고(탈출 8,28 참조) 다섯 번째 재앙에서 고집을 부린다(탈출 9,7 참조). 하지만 하느님께서는 이 재앙들의 마지막 재앙인 여섯 번째 재앙에서 파라오의 마음을 완고하게 만드신다(탈출 9,12 참조). 세 번째 재앙군에서 파라오와 그의 신하들의 마음은 일곱 번째 재앙 끝에 완고하게 되지만(탈출 9,34-35 참조), 여덟 번째와 아홉 번째 재앙에서 그의 마음을 완고하게 만드는 것은 하느님이셨다(탈출 10,20.27 참조). 그러므로 하느님께서는 첫 번째 재앙군에서 파라오의 마음을 완고하게 하지 않으셨으나, 두 번째 재앙군의 마지막 재앙이었던 여섯 번째 재앙에서는 완고하게 만드신다. 그리고 세 번째 재앙군에 이르러서는 두 번째, 세 번째 재앙에서 파라오를 완고하게 만드신다. 따라서 이 경우, 하느님께서 첫 번째, 두 번째, 세 번째 재앙군에서 파라오의 마음을 완고하게 하신 횟수는 0-1-2로 점차 증가한다.

유사한 예를 하나 더 들어 보자. 첫 번째 재앙군에 있는 세 가지 재앙에서 모세는 아론과 함께 있다(모든 재앙을 가능하게 하는 아론의 지팡이도 포함된다). 모세는 두 번째 재앙군에 해당하는 네 번째와 여섯 번째 재앙에서 아론과 동행하지만(탈출 8,21; 9,8 참조). 여기에서의 아론은 보조자에 가깝다. 아론의 이런 모습은 세 번째 재앙군 중 일곱 번째와 여덟 번째 재앙에서 다시 발견되는데, 아론은 단지 모세 곁에 서서 파라오와 모세가 나누는 대화를 듣기만 한다(탈출 9,27; 10,16 참조). 반면 어둠으로 나타나는 아홉 번째 재앙에서는 아론이 등장하지 않는다.

한편 파라오는 번번이 양보하는 모습을 보이지만, 열 번째이자 최종적인 재앙 이전까지는 이스라엘 백성이 떠나도록 허락하지 않는다. 모세는 파라오에게 사흘 거리에 있는 광야에서 제사를 지낼 수 있도록 보내 달라고 요구하지만(탈출 3,18; 5,3 참조), 파라오는 등에 떼의 재앙인 네 번째 재앙에서 제사를 허락하면서도 이집트 내에서 지내야 한다고 말한다(탈출 8,21 참조). 그리고 여덟 번째 재앙에서 협상을 시도하지만, 여인들과 아이들을 데려가는 것을 허락하지 않는다(탈출 10,8-11 참조). 파라오는 결국 아홉 번째 재앙에 이르러서야 여인들과 아이들도 데려가도록 허락하지만 크고 작은 가축들은 이집트에 남기라고 말한다(탈출 10,24-26 참조).

마지막으로 중요한 요소는 파라오가 자기 잘못을 세 번째 재앙군에서 두 번 인정한다는 것이다. 우박으로 인한 피해를 경험한 후(일곱 번째 재앙), 파라오는 이스라엘의 하느님이신 주님 앞에서 잘못했음을 비로소 인정하게 된다(탈출 9,27-28 참조). 하지만 이러한 벌이 그친 뒤에는 다시 죄를 짓는다(탈출 9,34 참조). 또다시 이어지는 여덟 번째 재앙인 메뚜기 떼 재앙 뒤에 자기 잘못에 대한 같은 고백을 반복하지만(탈출 10,16-17 참조), 메뚜기 떼가 사라짐과 동시에 방금 말한 것을 잊어버리고 만다(탈출 10,19-20 참조).

그러므로 이 이야기에서 발전 과정이 있음은 분명하다. 탈출기 저자는 이러한 과정을 통해 독자들이 파라오가 받을 수 있는 모든 경고를 받았음을 깨닫기를 원한다. 즉 하느님께서는 모세와 아론의 중개를 통해 파라오에게 이해할 시간과 받아들여야 할 사실을 부여하셨던 것이다. 이보다 더하기에는 어려울 정도로 말이다.

	아침 강변에서의 대면	궁궐에서의 대면	대면 없음
1재앙군	1. 물이 피로 변함 (탈출 7,14-25)	2. 개구리 떼 (탈출 7,26-8,11)	3. 모기(탈출 8,12-15)
2재앙군	4. 등에(탈출 8,16-28)	5. 가축병(탈출 9,1-7)	6. 종기(탈출 9,8-12)
3재앙군	7. 우박(탈출 9,13-35)	8. 메뚜기 떼 (탈출 10,1-20)	9. 어둠(탈출 10,21-29)

물론 파라오의 마음이 완고해졌던 것은 여전히 어려운 주제로 남는다. 하지만 이 사실에 대해 성경적 사고관에 비추어 해석하면 새로운 의미를 찾을 수 있다. 근본적인 문제는 이스라엘의 하느님께서 당대의 가장 강력한 권력자에게 당신을 알게 하실 수 있는지,

그리고 파라오가 최소한 이스라엘의 하느님과 그분의 요구에 신경 쓰지 않고 온전히 자발적으로 행동할 수 있는지에 관한 것이다. 다음의 구절을 살펴보자. "그렇지만 나는 까닭이 있어 너를 살려 두었다. 너에게 내 능력을 보이고, 온 세상에 내 이름을 떨치게 하려는 것이다."(탈출 9,16) 이 메시지는 그 무엇도 이스라엘의 하느님께서 지니신 힘과 영향력에서 벗어날 수 없음을 나타낸다.

재앙 이야기의 독특한 특징

하느님께서 지니신 힘과 영향력에서 벗어날 수 없다는 사실은 '마음의 완고함'이라는 주제와 더불어 이집트 재앙 이야기의 핵심이다. 즉 마지막 논리적 귀결로, 탈출기 이야기의 다른 전형적 특성을 설명할 수 있게 한다. 각각의 재앙 이야기는 하나의 단위에 속해 있고, 우리는 이 이야기들에 일련의 발전 요소가 있음을 보았다. 이야기 간 충돌되는 요소는 독자가 각각의 이야기를 구조적인 일관성과 전체적 맥락으로 바라볼 때 해결된다.

예를 하나 들어 보자. 가축의 흑사병 재앙에서는 "이집트의 집짐승들은 모두 죽고, 이스라엘 자손들의 집짐승들은 한 마리도 죽지 않았다."(탈출 9,6)라고 언급된다. 이 구절에 따르면 이집트인들에게는 짐승의 맏배가 전혀 남지 않는다. 그럼에도 이어지는 재앙인 여섯 번째 재앙(탈출 9,8-12 참조)에서 궤양을 일으키는 종기가 사람과 짐승을 덮었다는 이야기가 나온다(탈출 9,10 참조). 만약 이 본문을 그대로 따른다면, 여전히 가축들이 남아 있었다는 말이 된다. 그뿐만 아니라 우박의 경우(탈출 9,13-35 참조)에도 "사람을 비롯하여 짐승에 이르기까지" 해를 입었다는 이야기가 나온다(탈출 9,25 참조). 간단히 말해서 이 가엾은 동물들은 계속 죽는 셈이다. 여기서 끝이 아니다. 마지막 열 번째 재앙에서는 파라오의 맏아들뿐만 아니라 이집트 내의 모든 맏배가 죽을 것이다(탈출 11,5; 12,29 참조). 그런데 파라오가 광야로 떠나가는 이스라엘 백성을 쫓아가기로 했을 때를 보면, 이집트 군대의 마구간에는 말이 부족하지 않았던 것으로 보인다. 이 말들은 명백하게 그때까지 짐승들을 쳤던 질병에서 벗어나 있었다(탈출 14,6-9 참조).

다른 예도 자주 언급된다. 물이 피로 변하는 첫 번째 재앙에서도 이집트의 모든 물은 피로 바뀌었다(탈출 7,19; 7,21 참조). 그렇다면 이집트의 요술사들은 같은 기적을 보일 수 있는 물을 어디서 구했을지에 대한 의문이 생긴다(탈출 7,22 참조).

이 모든 것은 이집트 재앙 이야기의 논리와 일관성이 각각의 이야기에 한정되어 있음을 보여 준다. 따라서 이야기의 메시지를 전체 줄거리의 흐름에서 찾아야 한다는 것을 다시금 깨달을 수 있다. 다시 말해, 멜로디의 개별 음표가 아닌 전체 음악에서 이 메시지를 찾아야 한다는 것을 의미한다.

제7장

세 번째 주제

하느님과 모세

하느님께서 주시는 만나를 거두는 이스라엘 백성.

그레고리오 라차리니(Gregorio Lazzarini), 제작 연도 미상.
캔버스에 유채, 75.5 × 130.5 cm.
개인 소장.

탈출기의 중심인물은 모세다. 모세가 없는 이집트 탈출을 상상하긴 힘들다. 이는 호세아 예언자가 말한 바와 같다. "주님은 예언자를 통하여 이스라엘을 이집트에서 데리고 올라오고 이스라엘은 그 예언자를 통하여 보호를 받았다."(호세 12,14) 여기에서 말하는 예언자는 분명 모세다. 모세의 탄생 이야기는 그가 파라오의 딸에게 입양되어 파라오의 궁궐에서 유년기를 보냈다고 한다. 하지만 모세의 주된 행적은 하느님께 소명을 받는 탈출기 3~4장에서 시작된다. 이 부분에 대해 주석이 많이 이루어졌고, 또 여러 사람들이 이 부분을 성찰했다. 더 나아가 수많은 이콘과 그림에 영감을 불어넣기도 했다.

모세는 하느님과의 또 다른 만남으로도 잘 알려져 있다. 바로 모세가 사십 일 밤낮을 두 번 보낸 곳인 시나이산 위에서 하느님과 만났던 일이다(탈출 24,18; 34,28 참조). 모세의 두 번의 머무름 사이 부분은 니사의 그레고리오 성인Gregorius(335년경~395년)의 《모세의 생애*De vita Moysis*》라는 작품의 장면과 연관 지을 수 있는데, 이 장면은 오랫동안 수많은 신비가가 주해해 왔다. 이 부분은 모세가 하느님께 당신의 얼굴을 뵈올 수 있도록 청하는 순간을 묘사한다. 이때 하느님께서는 모세가 당신의 얼굴을 뵙도록 허락하지 않으시지만, 당신의 등을 볼 수 있도록 하신다(탈출 33,18-23; 34,5-9 참조).

모세가 하느님과 가진 두 번의 만남은 결정적이다. 첫째 만남은 모세가 파라오에게 파견되기 전, 곧 그의 사명이 시작될 때 일어나고, 둘째 만남은, 금송아지 사건 뒤에 일어나 결국 이 환시가 모세의 중재를 통한 하느님과 이스라엘 백성 간의 화해를 이끌어 내기 때문이다. 모세가 불타는 떨기나무를 보지 않았다면 이집트 탈출은 없었을 것이고, 모세가 백성의 편에서 중재하지 않았다면, 그리고 탈출기 33~34장에서 이야기되는 신적 현현이 없었다면, 이스라엘 백성의 광야 여정은 끝이 나고 말았을 것이다. 따라서 하느님께서 당신의 성실한 종과 대면하시는 두 장면의 의미를 살펴보는 것은 의의가 있다.

하느님의 부르심과 모세의 회피

모세의 부르심을 묘사하는 이 긴 장면은 불타는 떨기나무의 현시로 시작한다(탈출 3,1-6 참조). 그다음 하느님께서 모세에게 "내가 이제 너를 파라오에게 보낼 터이니, 내 백성 이스라엘 자손들을 이집트에서 이끌어 내어라."라고 말씀하시며, 모세에게 사명을 부여하시는 장면으로 이어진다(탈출 3,10.16; 4,12 참조). 한편 하느님께서는 "가거라." 하고 모세에게 말씀하셨지만, 그가 신적 명령에 순종하기까지는 조금 더 시간이 걸린다.

> "저는 이제 떠나야겠습니다. 이집트에 있는 친척들에게 돌아가서, 그들이 아직도 살아 있는지 보아야겠습니다." 그러자 이트로가 모세에게 "평안히 가게." 하고 말하였다.(탈출 4,18)

사실 이 두 장면(탈출 3,16; 4,12 참조) 사이의 모세는 비록 불가능하지 않지만 어려워 보이는 이 사명을 피하려고 애를 쓰는 모습을 보인다.

우리는 모세가 하느님의 부르심을 다섯 번이나 회피하는 것을 볼 수 있다. 이중 마지막 회피는 거절에 가까워 보인다. 첫 번째 회피는 다음과 같다.

"제가 무엇이라고 감히 파라오에게 가서, 이스라엘 자손들을 이집트에서 이끌어 낼 수 있겠습니까?"(탈출 3,11)

모세는 판관 기드온과 같은 다른 여타의 인물들처럼 이와 비슷한 임무를 감당하지 못한다(판관 6,15 참조). 그는 자신이 다른 차원의 능력을 갖춰야 이에 응할 수 있다고 생각하는 듯하다.

두 번째 회피는 성격이 다르다. 모세는 하느님의 이름이 무엇인지 알길 원한다. 사실 여기에서 모세가 하느님의 정체성에 관해 하는 질문은 다소 상황에 맞지 않아 보인다. 하느님께서 모세에게 나타나셔서 방금 다음과 같이 말씀하셨기 때문이다.

"나는 네 아버지의 하느님, 곧 아브라함의 하느님, 이사악의 하느님, 야곱의 하느님이다."(탈출 3,6)

하지만 더 넓은 이야기의 맥락에서 이 회피를 이해해야 한다. 탈출기의 하느님은 더 이상 선조들만의 하느님일 수는 없다. 그분께서는 한 백성의 하느님이 되셨고, 그렇기에 이 이야기는 모세가 하느님의 이름을 묻는 질문으로 시작되는 것이다. 오늘날의 표현을 빌리자면, 한 집안의 하느님에서 한 나라의 하느님이 되신 것이라 말할 수 있다. 따라서 하느님께서는 당신의 다른 이름이나 행동의 다른 측면을 밝히신다.

하느님께서 모세를 부르시는 이 이야기는 선조들의 하느님과 탈출기의 하느님 사이의 정체성을 반복해서 주장한다. 그러면서 모든 차이점을 지우지 않고 연속성과 발전, 곧 대체가 아니라 발전이 있음을 강조하는 것이다. 모세에게서 던져진 질문은 야뽁강에서 야곱이 자신과 대치했던 신비로운 인물에게 "당신의 이름을 알려 주십시오."(창세 32,30)라고 질문한 것과, 삼손의 아버지가 될 마노아가 자기 아들의 탄생을 알리려고 온 주님의 천사에게 "당신의 이름은 무엇입니까?"(판관 13,17)라고 물었던 것을 상기시킨다. 우리는 이 질문들이 정확한 답변을 받지 못한 채로 남겨졌다는 사실을 기억할 필요가 있다. 탈출기 이야기에서도 하느님께서 모세에게 주신 답변은 불가사의한 것으로 남는다.

세 번째 회피는 더욱더 현실적인 요청으로 볼 수 있다. 모세는 이스라엘 백성에게 자신이 진정 더 높은 권위에게서 파견되었으며, 이에 따라 자기가 할 일들이 자신의 주도권으로 정한 것이 아님을 그들에게 확신시킬 만한 것을 만들어 주시길 청한다. 이에 하느님께서는 모세에게 그의 사명의 권위를 백성에게 드러낼 표징으로, 뱀으로 변하는 지팡이와 나병 걸린 손 그리고 피로 변하는 물을 보여 주신다. 이 표징들은 창조와 육신의 치유에 관한 하느님의 힘을 나타낸다(탈출 4,1-9 참조). 훗날 판관 기드온도 미디아인들의 침략에서 조국을 해방할 것에 관한 사명을 확증할 표징을 요청한다(판관 6,36-40 참조). 또한 우리는 사울에게 이스라엘의 새 왕직을 확증할 표징도 생각할 수 있다(1사무 10,1-9 참조).

네 번째 회피는 더욱 무거운 것으로, 모세는 자신이 말하는 능력이 부족하다고 고백한다(탈출 4,10 참조). 예레미야 예언자도 소명을 받는 순간에 같은 방식으로 부르심을 회피한 바 있다(예레 1,6 참조). 모세의 경우 하느님께서는 당신 자신이 모세가 보고, 듣고, 말할 수 있는 은사를 주시는 분임을 말씀하시며 이에 반박하신다. 따라서 모세가 이야기해야 할 것을 가르쳐 주실 분은 하느님이 되실 것이다(탈출 4,11-12 참조).

모세의 마지막 회피는 거절에 가깝다. 모세는 이렇게 말하며 자신이 받은 사명을 거절한다. "주님, 죄송합니다. 제발 주님께서 보내실 만한 이를 보내십시오."(탈출 4,13) 이 순간만큼은 하느님께서 인내심을 잃고 화를 내신다. 그러면서 모세의 형인 아론이 말을 대신 전하게 해 주겠다고 말씀하신다(탈출 4,14-17 참조).

모세의 회피가 다른 소명 이야기에서 나타나는 회피와 같은 모습을 취하고, 이를 요약함은 명백하다. 모세는 하느님에게서 오는 모든 부르심의 표상이 된다. 하지만 왜 회피를 하는 것일까? 예언자라면 주권자이자 주님이신 분께 즉각 순종하고 긍정적으로 반응해야 하지 않은가? 그리고 가장 위대한 예언자라면 주님께 순종하는 모범을 보여야 하지 않은가? 하지만 모세는 정반대로 행동한다.

이 모든 것을 어떻게 설명할 수 있을까? 가장 간단한 해결책은 바로 이야기 자체에 대한 명확한 관점을 취하는 것이다. 우선 이 부르심 이야기는 신적 부르심 앞에서 순응하는 것의 모범을 제시하거나 이를 교육하기 위해서 구성되지 않았다. 쉽게 말해 이 이야기는 '성인의 삶'을 구성하는 것이 아니다. 그보다는 이스라엘 백성의 신앙과 그 종교의 중심적 인물이 된 모세가 이 역할을 가로챈 것이 아님을 드러낸다.

모세의 부르심 이야기가 강조하는 바는, 모세라는 인물이 사심으로 이스라엘 백성의 신앙과 종교의 중심인물로서의 역할을 한 것이 아니라는 점이다. 모세는 이 역할을 사심이나 탐욕으로서 얻지 않았거니와, 뜻밖의 행운으로 얻은 것은 더더욱 아니었다. 다만 이 이야기는 모세가 자신에게 주어진 임무에서 벗어나기 위해 할 수 있는 모든 것을 했음을 보여 준다. 그래서 앞서 품었던 의혹에서 모세를 자유롭게 한다. 즉, 모세가 우리가 아는 위대한 역사적 인물이 되었던 것은 자신의 의지가 아니었다는 점이다. 하느님께서는 "내가 너와 함께 있겠다."(탈출 3,12)라고 하시고, 또한 "네가 말할 때 내가 너를 도와, 무슨 말을 해야 할지 가르쳐 주겠다."(탈출 4,12)라고 말씀하신다. 따라서 모세가 이야기할 때는 하느님께서 말씀하시는 것이고, 모세가 행동할 때는 하느님께서 행동하시는 것이다. 하느님께서 민수기에서 "나는 입과 입을 마주하여 그와 말하고 환시나 수수께끼로 말하지 않는다."(민수 12,8)라고 말씀하셨듯이 말이다. 따라서 모세의 입에서 나오는 말은 곧 하느님의 입에서 나오는 말씀이다. 한편 신명기에서는 다른 이야기도 전한다.

주님께서 그를 보내시어, 이집트 땅에서 파라오와 그의 모든 신하와 온 나라에 일으키게 하신 그 모든 표징과 기적을 보아서도 그러하고, 모세가 온 이스라엘이 보는 앞에서 이룬 그 모든 위업과 그 모든 놀라운 대업을 보아서도 그러하다.(신명 34,11-12)

이를 통해 이집트 탈출은 하느님의 업적이지만, 그분의 유일한 도구는 모세임을 알 수 있다. 이스라엘 문화와 그리스도인의 삶에서, 특히 성경 안에서 모세의 위상에 이의를 제기하기는 어렵다. 이것이 의미하는 바는 이집트 탈출이 이스라엘 신앙의 중심적 사건이며, 그리스도인들에게도 그렇다는 것이다. 하지만 모세는 왜 자신의 뜻을 굽히려 하지 않았을까?

사실 역사적으로 모세와 이집트 탈출이 우리가 현재 인식하는 위치로 오기까지는 시간이 걸렸다. 이스라엘과 유다는 오랫동안 두 개의 분리된 왕국을 세웠고, 북이스라엘 왕국은 기원전 722년에, 남유다 왕국은 기원전 587~586년에 사라졌다. 이후에 많은 이들, 특히 유다 사람들이 왕국을 재건하기를 꿈꾸었다. 하느님의 아드님이신 메시아가 도래하리라는 희망은 신약 성경에도 잘 드러난다. 이 희망이 모호하고 난해한 형태라는 것도 잘 알려져 있다. 이스라엘을 어떻게 정의할 것인가? 이 질문은 이와 같은 어려운 시기 내내 존재했다. 모세가 영토 상실과 왕국의 종말과 같은 당대의 모든 위기에 대응할 수 있고, 오랜 세월에 걸쳐 검증된 정체성을 구현한 이로 백성의 구원자처럼 등장한 것은 유배로 인해 시작되었다. 즉 유배와 함께 이루어진 이스라엘의 자기반성, 말하자면 본질적인 것과 본질적이지 않은 것에 대한 반성에서 출발하게 된 것이다. 이처럼 이스라엘의 역사의 열쇠를 지닌 것은 어떤 왕도, 현인도 아닌 모세다. 더는 전장의 '영웅' 혹은 혁명적 '영웅'에 대한 희망에 기댈 필요가 없다. 따라서 자신의 뜻을 굽히지 않는 모세의 인간적 모습에 실망할 이유가 없다. 인물 자체보다는 하느님께 받은 모세의 소명이 지닌 권위를 이야기하는 것이 중요하기 때문이다.

"나는 있는 나다."(탈출 3,14)의 의미

그렇다면 모세에게 당신을 드러내시는 하느님은 어떤 하느님이실까? 이 질문을 두고 활발한 논의가 이루어졌고, 해마다 이를 다루는 여러 논문이 발표되고 있다. 탈출기 3장 14절은 성경 내용 중 가장 많이 논의되고 해설되는 부분이다. 여기서는 이 함축적인 본문을 해석하기 위한 두 가지 요점을 이야기해 보겠다.

첫째, 하느님께서는 당신 고유의 정체성을 드러냄과 동시에 이를 숨기신다. 신적 존재의 이름을 아는 것은 이에 대한 어떤 힘을 얻는 것을 의미할 수 있다. 물론 이 본문에서 그러한 경우를 상상하기 힘들다. 이 본문은 분명 다양하게 번역이 가능하다. 예를 들어 《예루살렘 성경》(도미니코회에서 옮긴 프랑스 성경)에서는 "나는 있는 그다."로 번역했으며, 《TOB》(프랑스 공동 번역 성경)에서는 "나는 있을 그다."로 번역했다. 또한 《세공드 성경》(프랑스 개신교 성경)과 《CEI 성경》(이탈리아 가톨릭 성경)에서는 "나는 나인 그다."로 번역했다.

이 형식에서 하느님께서는 당신 자신의 이름을 직접 밝히시기보다는 '~한 이', '~할 이' 등으로 표현하시는데, 이는 실제로 모세가 이후에 사용할 다음의 형식과도 비슷하다. "제발 주님께서 보내실 만한 이를 보내십시오.", "그럼 당신이 보낼 이에게 (메시지를) 전달하십시오!"(탈출 4,13; 16,23; 1사무 23,13; 2사무 15,20; 2열왕 8,1 참조) 학자들에 따르면 다음의 탈출기 구절이 또 다른 명백한 예다. "나는 나의 모든 선을 네 앞으로 지나가게 하고, 네 앞에서 '야훼'라는 이름을 선포하겠다. 나는 내가 자비를 베풀려는 이에게 자비를 베풀고, 동정을 베풀려는 이에게 동정을 베푼다."(탈출 33,19)

다른 말로 이 문장은 다음과 같은 말씀을 하고자 하시는 것일 수 있다. "나는 다른 이가 아닌, 있는 나다." 이는 즉답을 피하는 효과를 이루어내는 동어 반복으로 볼 수 있다. 이 신비로운 표현은 이후 두 번의 부연 설명을 통해 보완된다.

> 이어서 말씀하셨다. "너는 이스라엘 자손들에게 '"있는 나'께서 나를 너희에게 보내셨다.' 하여라." 하느님께서 다시 모세에게 말씀하셨다. "너는 이스라엘 자손들에게, '너희 조상들의 하느님, 곧 아브라함의

하느님, 이사악의 하느님, 야곱의 하느님이신 야훼께서 나를 너희에게 보내셨다.' 하여라. 이것이 영원히 불릴 나의 이름이며, 이것이 대대로 기릴 나의 칭호이다."(탈출 3,14-15)

하느님께서는 특히 15절에서 성조들의 하느님이자 이집트 탈출의 하느님이시라는 정체성을 밝히신다. 이것이 바로 두 번째 요점이다. 과거와 현재의 연속성, 과거와 미래의 연속성을 드러내기 때문이다. 모세에게 나타나신 하느님께서는 한 역사의 하느님, 곧 과거의 하느님이실 뿐만 아니라 현재와 미래에 연장되는 역사의 하느님이시다. 더불어 '당신 백성과 함께', '당신 백성을 위해' 사시는 역사의 하느님이시다. 즉 하느님의 이름은 곧 하나의 역사, 이스라엘의 역사와 같다. 이 역사는 노예 상태에서의 해방과 자유를 향한 수련에 관한 역사다. 따라서 이집트 탈출의 하느님께서는 노예 상태에서 '해방'과 같은 이름을, 더 정확하게는 모든 형태의 노예 상태에서 해방된 여정과 동일한 이름을 가지신 하느님이시다. 이미 도입부에서 이 측면을 이야기한 바 있다. 바오로 사도도 로마 신자들에게 보낸 서간에서 이렇게 강조한다.

여러분은 사람을 다시 두려움에 빠뜨리는 노예 상태의 영을 받은 것이 아니라, 여러분을 자녀로 삼도록 해 주시는 영을 받았습니다. 이 성령의 힘으로 우리가 "아빠! 아버지!" 하고 외치는 것입니다.(로마 8,15)

이제 이 신학이 두 번째 상황에서, 곧 금송아지 사건 이후 하느님의 이름에 대한 중요한 계시에서 어떻게 발전되는지 살펴보자(탈출 32장 참조).

하느님과의 관계가 회복될 수 있을까?

탈출기 32~34장은 조금 복잡하기에 자세한 설명이 필요하다. 따라서 여기서는 외적으로 나타나는 몇몇 근본적 요소를 제시하는 데 집중하려 한다. 모세는 이스라엘 백성이 그들의 관심사와 취향에 더 부합한 우상, 즉 금송아지를 만든 죄악을 저지른 이후, 하느님과 이스라엘 백성의 관계를 회복하기 위해 노력한다. 모세는 온갖 협상 수완을 발휘하여 하느님께서 당신 백성과 화해하고 당신께서 이루고자 하시는 방향으로 다시 나아가도록 그분을 설득한다. 그는 무려 세 장에 걸쳐 하느님께 용서를 얻어 내기 위해 "분노를 터트리시는 그분 앞을 막아섰다."(시편 106,23 참조) 이 장에서는 이스라엘 백성의 불성실함과 불신앙에서 하느님과의 관계가 끊임없이 의문에 부쳐지는 문제에 대한 성찰을 볼 수 있다. 이집트 탈출의 하느님과 같은 분을 모시는 백성이 또 있을 수 있을까? 이스라엘 백성은 재앙을 겪은 이후에 하느님과의 관계를 회복할 수 있을까? 그것이 어떻게 가능할까? 여기서 이스라엘 백성에 관한 성찰이 지닌 모든 열매를 발견할 수 있다.

물론 이스라엘은 계속 믿음을 가질 수 있지만, 이는 모세의 도움이 있어야 가능하다. 즉 이스라엘이 모든 위기에서 벗어나 과거에서 미래로 향할 수 있게 해 주는 것은 모세의 유산인 것이다. 모세의 유산은 분명 모세의 율법을 말하지만, 그보다 더 나아가 광야에서의 사십 년 동안 백성에게 가르친 모세의 삶의 방식과 그가 세운 기초를 가리키는 것이다. 신명기의 다음 문장은 이 가르침을 요약한다.

"너희는 이 사십 년 동안 광야에서 주 너희 하느님께서 너희를 인도하신 모든 길을 기억하여라. 그것은 너희를 낮추시고, 너희가 당신의 계명을 지키는지 지키지 않는지 너희 마음속을 알아보시려고 너희를 시험하신 것이다. 그분께서는 너희를 낮추시고 굶주리게 하신 다음, 너희도 모르고 너희 조상들도 몰랐던 만나를 먹게 해 주셨다. 그것은 사람이 빵만으로 살지 않고, 주님의 입에서 나오는 모든 말씀으로 산다는 것을 너희가 알게 하시려는 것이었다."(신명 8,2-3)

따라서 백성의 진정한 양식은 하느님의 말씀이 될 것이다. 이에 대해 아모스 예언자도 다음과 같이 말했다.

보라, 그날이 온다. 주 하느님의 말씀이다. 내가 이 땅에 굶주림을 보내리라. 양식이 없어 굶주리는 것이 아니고 물이 없어 목마른 것이 아니라 주님의 말씀을 듣지 못하여 굶주리는 것이다. 그들이 주님의 말씀을 찾아 이 바다에서 저 바다로 헤매고 북쪽에서 동쪽으로 떠돌아다녀도 찾아내지 못하리라.(아모 8,11-12)

이것은 이스라엘 백성이 자신들의 존재와 직결되는 중대한 결정을 하기 위해, 자신들이 따라야 할 성경의 가르침을 찾도록 초대받았음을 의미한다. 이러한 유형의 모든 선언은 다른 선택지를 배제한다는 것을 암시적으로 내포한다. 곧 이 본문이 이스라엘 백성에게 모세의 법을 등한시한 채 그들을 지배하는 다른 권력 혹은 주권자를 추대할 가능성을 배제할 것을 지시한다는 사실을 알 수 있다. 이것은 모세의 법으로 확고히 정립된 사상 밖에서, 특히 이방 민족의 우상에서 구원을 찾는 행위도 포함된다.

이 장에서 두 번째 중요한 요소는 성조들에 대한 언급이다. 앞서 모세의 부르심 이야기(탈출 3,6.15.16 참조)에서 보았던 아브라함, 이사악, 야곱에 대한 하느님의 약속을 하느님께 상기시키는 이는 다름 아닌 모세다. 모세의 첫 번째 중재인 다음 구절을 살펴보자.

"당신 자신을 걸고, '너희 후손들을 하늘의 별처럼 많게 하고, 내가 약속한 이 땅을 모두 너희 후손들에게 주어, 상속재산으로 길이 차지하게 하겠다.' 하며 맹세하신 당신의 종 아브라함과 이사악과 이스라엘을 기억해 주십시오."(탈출 32,13)

이 본문을 통해 모세가 하느님께 성조들에 대한 기억을 상기시켜 드렸다고 이야기할 수 있다. 이 모든 것은 모세를 성조들에게서, 곧 이집트 탈출에서의 모세의 하느님을 아브라함, 이사악, 야곱과 이스라엘의 하느님에게서 분리할 수 없음을 확증해 준다. 이 오래된 역사는 결코 단절되지 않았고 분명한 연속성이 존재하며, 이스라엘의 죄조차 이 역사를 끊지 못한다. 탈출기 33장 도입부에서 하느님께서 모세에게 다음과 같이 말씀하신 것을 보면, 그분께서는 아마 모세의 청을 받아들이셨을 것으로 보인다.

> 주님께서 모세에게 이르셨다. "너는 이집트 땅에서 데리고 올라온 이 백성과 함께 이곳을 떠나, 내가 아브라함과 이사악과 야곱에게, '네 후손들에게 이것을 주겠다.' 하며 맹세한 땅으로 올라가거라."(탈출 33,1)

결국 땅의 약속은 모세의 중재 덕분에 유효하게 남는다. 모세와 그의 유산 덕분에, 이스라엘 백성은 비로소 약속의 땅에서 미래를 꿈꿀 수 있게 되었다.

세 번째 중요한 요소는 탈출기 33장의 결론부에 있는 하느님의 현현에서 찾을 수 있다. 이 현현은 불타는 떨기나무의 계시를 이어감과 동시에 본질적 요소를 하나 덧붙인다. 모세는 하느님께 특별한 호의를 청한다. 하느님께서 당신 백성과 화해하기로 마음먹으셨다는 것과 약속의 땅을 향해 광야를 횡단할 동안 이스라엘 백성을 안내해 주실 것을 확증하기 위해서다. 바로 "당신의 영광을 보게"(탈출 33,18 참조) 해 달라는 청이다. 이 부분은 성경 그리고 탈출기 내에서, 하느님 백성의 역사 가운데 그분의 현존을 나타내고자 하는 것이다. 이에 대해 하느님께서는 모세에게 이렇게 답변하신다.

> 그리고 다시 말씀하셨다. "그러나 내 얼굴을 보지는 못한다. 나를 본 사람은 아무도 살 수 없다." 주님께서 말씀을 계속하셨다. "여기 내 곁에 자리가 있으니, 너는 이 바위에 서 있어라. 내 영광이 지나가는 동안 내가 너를 이 바위 굴에 넣고, 내가 다 지나갈 때까지 너를 내 손바닥으로 덮어 주겠다. 그런 다음 내 손바닥을 거두면, 네가 내 등을 볼 수 있을 것이다. 그러나 내 얼굴은 보이지 않을 것이다."(탈출 33,20-23)

니사의 그레고리오 성인은 이 어려운 본문을 아름답게 해석했다. 성인은 이 모든 것을 다음의 말로 요약했다. "하느님을 뵙는 것은 그분을 따르는 것이다." 이 본문은 신적 계시의 근본적인 측면을 다룬다. 하느님께서는 모세 앞을 지나가시기에, 모세는 그분의 등을 볼 수 있는 것이다. 하지만 하느님을 계속 보기 위해서는 그분을 뒤따라가야만 한다. 멈추는 것은 곧 안내하시는 분을 더는 볼 수 없음을 의미한다. 하느님께서는 여정 가운데 계시고, 그 여정에서 모세와 백성을 앞서신다. 주님께서 걸어가신 길 위에서 그분을 따라 걷는 것이 '그분의 등을 볼 수 있게' 한다. 하느님을 관조하는 것은 광야의 여정에서 분리될 수 없다.

또 다른 측면은 처음 것과 연관되어 있다. 바로 용서에 관한 것이다. 하느님께서는 지나가시고 받아들임으로써, 당신의 땅을 향하는 백성을 인도하는 행렬의 우두머리로 다시금 돌아오신다. 그분은 바로 용서하시는 하느님이시다. 하느님께서는 모세 앞을 '지나가실' 때 이를 분명히 밝히신다.

> 주님께서는 모세 앞을 지나가며 선포하셨다. "주님은, 주님은 자비하고 너그러운 하느님이다. 분노에 더디고 자애와 진실이 충만하며 천 대에 이르기까지 자애를 베풀고 죄악과 악행과 잘못을 용서한다. 그러나 벌하지 않은 채 내버려 두지 않고 조상들의 죄악을 아들 손자들을 거쳐 삼 대 사 대까지 벌한다."(탈출 34,6-7)

이 부분에 해당하는 히브리어 원문이 매우 어렵고 또한 모호한 부분도 있기에 달리 해석될 수도 있다. 사실 '선포하다'라는 동사에 해당하는 주어는 히브리어 본문에서 표현되지 않아 번역 과정에서 명확하지 않은 부분이 있다.[12] 어쨌든 모든 경우에 이 본문은 이집트 탈출을 이끄신 하느님께서 분명 이스라엘 백성을 용서하셨음을

12 히브리어 성경에서는 우리말과 달리 주어가 명확히 표현되지 않는 경우가 많다. 우리말은 "홍길동이 달린다."처럼 보통 '달리다'라는 동사의 주어인 '홍길동'이 표현되어야 하지만, 히브리어는 문장 안에서 주어 없이 그저 "달린다."라고만 서술할 수도 있다.

보여 준다. 이에 대해서는 모세의 첫 번째 중재가 이루어진 후 언급된 바 있다. "그러자 주님께서는 당신 백성에게 내리겠다고 하신 재앙을 거두셨다."(탈출 32,14) 이집트 탈출을 이끄신 하느님은 용서하시는 하느님이시다. 만약 그분께서 용서하시는 하느님이 아니셨다면, 이스라엘 백성은 여정을 계속할 수 없었을 것이다. 결국 용서는 부차적 혹은 우연적인 것이 아니다. 하느님의 선포는 당신과 당신 백성과의 관계에서 근본적인 요소를 보도록 우리를 초대한다. 이 요소 없이는 어떤 관계도 불가능하다.

결론적으로, 집약적인 이 본문을 두 가지 보완적인 문장으로 요약할 수 있다. 첫 번째는 이집트 탈출을 이끄신 하느님께 드리는 것으로 보이는 기도다. "당신을 신뢰하니 아침에 당신의 자애를 입게 하소서. 당신께 제 영혼을 들어 올리니 걸어야 할 길 제게 알려 주소서."(시편 143,8) 두 번째는 이와는 다른 기도로, 감사를 드리는 형태다. 이 기도는 광야에서의 체류 동안 이스라엘 백성이 바쳤을 법하다. "내 영혼아, 주님을 찬미하여라. 그분께서 해 주신 일 하나도 잊지 마라. 네 모든 잘못을 용서하시고 네 모든 아픔을 낫게 하시는 분."(시편 103,2-3)

사실 이집트 탈출을 이끄신 하느님께서는 한편으로는 '여정 중'의 하느님이시고 그 길을 뒤따를 때만 그분을 '뵐' 수 있다. 이 진리는 요한 복음서에서 놀라운 형태로 성취된다. 예수님께서는 이렇게 말씀하셨다. "나는 길이요 진리요 생명이다. 나를 통하지 않고서는 아무도 아버지께 갈 수 없다."(요한 14,6) 예수님은 인도자이시자 따라야 할 길이시다. 예수님의 첫 제자들은 '길'의 제자들로 부르심을 받았다(사도 9,2; 18,25-26; 19,9.23; 22,4; 24,14.22 참조). 따라서 이 주제에 관해서는 구약과 신약 사이에 완벽한 연속성이 존재하며, 성경의 전체 영성이 길과 여정의 영성이라고 할 수 있을 것이다.

다른 한편으로, 탈출기는 용서가 하느님과 그분 백성 사이의 굳건한 관계의 본질적 부분임을 가르쳐 준다. 자비의 하느님, 용서의 하느님께서는 분노에 더디시고 자애와 신의가 충만하시며, "세상을 심판하시려는 것이 아니라 세상이 아들을 통하여 구원을 받게 하시려"(요한 3,17 참조) 아들을 보내신 분이시다. 예수님께서는 호세아 예언자가 전한 하느님의 말씀을 다시 성취하신다. "정녕 내가 바라는 것은 희생 제물이 아니라 신의다."(호세 6,6; 마태 9,13; 12,7 참조) 이 모든 것은 신약 성경이 하느님께서 모세에게 다음과 같이 하신 말씀을 특별한 방식으로 밝히고 있음을 나타낸다. "나는 내가 자비를 베풀려는 이에게 자비를 베풀고, 동정을 베풀려는 이에게 동정을 베푼다."(탈출 33,19)

제8장

네 번째 주제

‘갈대 바다의 기적’에 대한 해석

갈대 바다를 건너는 이스라엘 백성과 이집트 군대의 몰락.

프란스 프랑켄 2세(Frans Francken the Younger), 제작 연도 미상.
구리에 유채, 27.5 × 58.5 cm.
스톡홀름 국립 미술관, 스톡홀름, 스웨덴.

갈대 바다의 기적을 이루는 세 단계

시나이 현현과 더불어, 갈대 바다의 기적(탈출 14장 참조)은 탈출기에서 우리에게 잘 알려진 주된 본문이다. 이 본문에서는 복합적인 이야기가 나타나지만 이 장에서는 그중 몇 가지 주요 내용만 다루겠다. 먼저 여기에 나타나는 사건은 사흘간의 광야 행군 이후에 펼쳐진다(탈출 12,37; 13,20; 14,2; 민수 33,5-7 참조).

갈대 바다 횡단 이야기는 세 단계로 구분할 수 있다(탈출 14,1-14.15-25.26-31 참조). 모든 단계는 신적 담화에서 시작된다(탈출 14,1-4.15-18.26 참조). 또한 첫 번째 장면의 결론(탈출 14,13-14 참조)은 이어지는 다음의 두 장면의 결론과 관련된 요소를 형성한다. 우선 모세는 이스라엘 백성에게 이렇게 말한다.

> “두려워하지들 마라. 똑바로 서서 오늘 주님께서 너희를 위하여 이루실 구원을 보아라. 오늘 너희가 보는 이집트인들을 다시는 영원히 보지 않게 될 것이다. 주님께서 너희를 위하여 싸워 주실 터이니, 너희는 잠자코 있기만 하여라.”(탈출 14,13-14)

이집트인들이 원래 있던 곳으로 돌아오는 바닷물을 피해 도망칠 때, 그들은 이렇게 소리쳤다. “이스라엘을 피해 달아나자. 주님이 그들을 위해서 이집트와 싸우신다.”(탈출 14,25) 이집트인들은 모세가 다음과 같이 이야기했을 때 모세의 말이 맞다는 것을 인정하게 된 것이다. “주님께서 너희를 위하여 싸워 주실 터이니, 너희는 잠자코 있기만 하여라.”(탈출 14,14) 그리고 모세의 말이 실현되었음을 다음의 구절에서 전한다.

> 그날 주님께서는 이렇게 이스라엘을 이집트인들의 손에서 구해 주셨고, 이스라엘은 바닷가에 죽어 있는 이집트인들을 보게 되었다. 이렇게 이스라엘은 주님께서 이집트인들에게 행사하신 큰 권능을 보았다. 그리하여 백성은 주님을 경외하고, 주님과 그분의 종 모세를 믿게 되었다.(탈출 14,30-31)

따라서 우리는 갈대 바다 횡단 이야기의 세 단계를 구분할 수 있다. 각각의 단계에는 고유의 도입부와 결론이 있다. 첫 번째 장면(탈출 14,1-14 참조)은 하느님께서 모세에게 하신 신적 담화(탈출 14,1-4 참조) 이후, 파라오가 이스라엘 백성을 다시 이집트로 데려가겠다고 한 결정(탈출 14,5-7 참조)이 나오고 뒤이어 이스라엘 백성이 바닷가에서 이집트 군사들에게 추격당하는 장면을 전한다. 그리고 한쪽에 바다를, 다른 한쪽에 이집트 군사들을 앞에 둔 상황에서 덫에 걸렸다고 느껴 겁에 질린 이스라엘 백성의 반응을 묘사한다(탈출 14,8-10 참조). 이어서 이스라엘 백성이 자신들을 데리고 나온 모세에게 불평하며 이집트에 대한 향수를 표현하는 부분인 중간부가 뒤따른다(탈출 14,11-12 참조). 이미 보았던 대로, 모세는 이스라엘 백성의 두려움을 진정시키고 하느님의 결정적인 개입을 이끌어 낸다(탈출 14,13-14 참조). 결과적으로 이 이야기의 초반부는 일부는 파라오의 궁궐, 일부는 광야, 그리고 마지막으로는 갈대 바다의 바닷가에서 진행된다. 따라서 9절에서 이스라엘 백성이 밤을 보내기 위해 야영하려고 하는 마지막 장면은 해가 질 때 이루어진다고 볼 수 있다.

두 번째 장면(탈출 14,15-25 참조)은 하느님께서 모세에게 물을 가르기 위해 바다에 손을 뻗을 것과 이스라엘 백성이 그 바다로 들어가도록 이끌 것을 명하시는 장면이다. 이집트인들은 이스라엘 백성을 뒤쫓기 위해 바닷속으로 끌려들어 간다. 그리고 하느님께서는 파라오와 그의 군대와 맞서 승리를 이끌어 내신다(탈출 14,15-18 참조). 따라서 이 이야기는, 비록 모순되지는 않을지라도 때때로 혼동되는 과정을 보인다. 조금 더 명확하게 말하자면 다음과 같다. 모세가 물을 가르고, 이스라엘 백성은 물 한가운데에 열린 길 안으로 들어간다. 이집트인들은 그들 뒤를 따라 같은 길을 급히 들어간다. 그리고 이 모든 사건은 밤에 벌어진다. 날이 밝은 뒤, 하느님께서는 당신 현존의 장소이자 상징인 구름으로부터 개입하시어 도망가는 이집트인들의 진영을 혼란에 빠뜨리신다(탈출 14,19-25 참조). 하느님께서 행동하신 곳의 배경은 처음은 바닷가였고 그다음에는 '바닷속 한가운데'가 된다.

세 번째 장면(탈출 14,26-31 참조)은 이 이야기의 결론 부분을 포함한다. 이스라엘 백성이 바다의 맞은편 강가에 도달할 때, 하느님께서는 모세에게 강물 위에 손을 뻗도록 명령하시어 바다가 이집트 군대를 덮치도록 하신다. 이것이 일어날 사건이고 결국 모든 이집트인은 익사한다. 이 일은 모세가 예언했던 그대로 이루어졌고(탈출 14,13-14 참조), 자신들을 위해 하느님께서 당신의 위업을 완성하셨음을 숙고하는 이스라엘인들의 신앙 고백으로 마무리된다. 하느님께서는 다름 아닌 이스라엘 백성을 위해 싸우셨고, 이집트인들에게서 그들을 구해 내셨다. 따라서 이스라엘 백성이 하느님을 믿는 것뿐만 아니라, 하느님의 말씀이 이루어지는 것을 보여 준 그분의 종 모세도 신뢰하는 것은 당연하다(탈출 14,30-31 참조).

물이 갈라지다

세심한 독자라면 갈대 바다에서의 기적에 관해 대치되는 부분이 있음을 알 수 있을 것이다. 이야기를 자세히 들여다보면 한편으로는 이집트인들을 이스라엘인에게서 분리함으로써 그들을 쫓지 못하게 한 구름에 관한 이야기가 나온다. 이에 따라 모든 이가 밤새 그 자리에 가로막히게 된다(탈출 14,20 참조). 이후 동쪽에서 강한 바람이 불어와 바다를 밀어내 마른 땅을 드러내는 내용도 있다(탈출 14,21 참조). 동틀 녘인 새벽 두 시와 여섯 시 사이, 바람이 그치고 바다는 다시 제자리로 돌아와 드러났던 땅을 다시 덮쳐 온다. 이집트인들은 병거와 함께 갇혀 움직일 수 없자 큰 혼돈에 사로잡혀 도망치려 하지만, 진흙땅에 발이 묶이고 만다. 어떤 경우든 그들은 아마 잘못된 방향으로, 곧 자신들이 마주할 바다 쪽으로, 모든 것을 덮어 익사시킬 그 물 쪽으로 걸어간 것으로 보인다(탈출 14,24-25.27.30 참조).

이와 관련하여 또 다른 관점을 살펴보자. 하느님께서는 모세에게 그가 해야 할 모든 것을 지시하신다. 그는 물을 가르기 위하여 바다에 손을 뻗어야 하는데, 놀랍게도 모세는 이를 망설임 없이 시행한다(탈출 14,15-18.21 참조). 이스라엘 백성들이 좌우에 위치한 물벽 사이 길을 통해 바다로 들어가는 동안, 이집트인들은 같은 길로 그들을 뒤쫓으러 따라 들어간다(탈출 14,22-23 참조). 이스라엘인들은 이렇게 맞은편 바닷가를 향해 마른 땅으로 들어간다. 그때 하느님께서는 모세에게 두 번째로 바다를 향해 손을 뻗도록 명하시고 모세는 이를 시행한다. 결국 이집트인들이 바다 한가운데를 지나가자 물이 그들을 덮어 버린다(탈출 14,26-29 참조). 이 경우 역시 이집트인들은 물에 빠지고 만다.

첫 번째 언급한 장면에서는 물이 되돌아와 도망가는 이집트인들을 덮치지만, 두 번째 언급한 장면에서는 좌우에 벽을 형성한 물이 그들을 뒤덮는다. 첫 번째 장면에서는 바람에 의해 밀려나 뭍이 드러나는 바다를 묘사하는 반면, 두 번째 장면에서는 바다가 두 갈래로 나뉘어 그 가운데 통로를 드러낸다. 이 두 장면은 이집트인들이 물에 빠져 생을 마친다는 점에서는 일치한다.

한편 첫 번째 장면의 바람에 관한 부분은 동쪽 바닷바람의 존재, 진흙에서 병거의 발이 묶여 있었다고 언급하는 부분, 밤중에 짙은 구름으로 땅이 덮이는 밤에는 병거가 이동할 수 없다는 사실, 이러한 것에 기초한다는 점에서 자연 현상에 좀 더 가깝다. 반면 두 번째 장면은 기적적인 면이 더 두드러진다. 아마도 요르단강을 건널 때를 다룬 이야기에서 영감을 받은 것으로 보이는데, 이 요르단강 횡단 부분은 비슷한 현상을 이야기하기 때문이다. 요르단강을 건널 때 이스라엘인들이 마른 땅을 통해 도보로 강을 건너는데, 이는 아마도 강의 밑바닥에 산사태로 인해 둑이 형성되었고, 이에 물이 그쳤기 때문일 것이다(여호 3,16; 4,22-23 참조).

더 나아가 바다가 갈라지는 장면은 창조 이야기에서 영감을 받았을 법한 단어들을 택한다. 예를 들어 창조의 셋째 날 이야기에서 볼 수 있듯이(창세 1,9-10 참조) 하느님께서는 세상의 주인이시고, 그분만 물 가운데에서 '마른 땅'을 드러나게 하실 수 있다. 이에 해당하는 히브리어 원문을 보면 갈대 바다의 기적 부분이 하느님의 천시 창조 이야기에서 사용된 단어와 같은 단어로 묘사됨을 발견할 수 있다(탈출 14,16.22.29; 15,19; 여호 4,22-23 참조).[13] 이에 따라 이스라엘 백성을 이집트에서 구출하실 수 있는 하느님께서는 세상의 주인이시며, 그들을 구원하는 동안 세상을 창조하실 때 사용하셨던 힘을 부여하심을 알 수 있다.

자연 현상과 기적적 측면을 부각하는 이 두 장면은 다른 이미지와 용어를 사용하지만 분명 일치하는 점이 있다. 첫째, 두 장면 모두 하느님의 힘, 곧 창조 때에 바다와 마른 땅 위에서의 바람으로 나타나는 힘을 강조한다. 둘째, 이집트 재앙 이야기에서 볼 수 있듯이, 이 두 장면은 파라오의 힘이 제한적임을 보여 준다. 세상에서 가장 강력한 군대라도 바다와 바람 같은 자연의 힘과 싸울 수는 없다. 여기서 이사야 예언자의 말을 인용할 수 있다. "이집트인들은 인간일 뿐 하느님이 아니다. 그들의 군마는 고깃덩어리일 뿐 영이 아니다."(이사 31,3) 이것이 갈대 바다 횡단 장면이 보여 주고자 하는 바다.

13 탈출기 부분의 '마른 땅'과 창세기 부분의 '뭍'은 히브리어 원문에서 같은 단어로 표현되어 있다.

두려움과 진정한 믿음

갈대 바다 횡단 이야기를 이끌어 가는 주제 중 하나는 바로 두려움에 관한 것이다. 히브리어에서는 이 표현에 해당하는 동사가 그 모든 뉘앙스를 표현하는데, 본문 안에서 이 동사는 중요한 순간에 세 번에 걸쳐 사용된다(탈출 14,10.13.31 참조). 먼저 이스라엘 백성이 파라오 군대에게 따라잡혔을 때, 그들은 겁을 먹고 주님께 부르짖는다(탈출 14,10 참조). 이는 공감하기 쉬운 두려움이다. 아마 독자들은 탈출기 14장 5절부터 이 상황을 예상할 수 있을 것이다. 탈출기 저자가 모세의 지도로 광야에서 행군하는 이스라엘 백성을 내버려 둔 채, 이집트의 파라오 궁궐로 시선을 돌려 이 사실을 알려 주기 때문이다. 여기에서 저자는 파라오가 이스라엘 백성을 떠나도록 내버려 두기로 한 결정을 뒤집고, 그들을 뒤쫓아 다시 강제 노역을 시키기로 했음을 보여 준다(탈출 14,6-7 참조). 이 부분을 읽는 이들은 이렇게 바뀐 장면 때문에 이 추격의 시작점에서 당시 가장 강력했던 가공할 군대가 출정을 준비하는 장면을 보게 된다. 마침내 어렵게 얻은 자유를 고대하며 설렌 마음으로 행진하던 이스라엘 백성은 이 사실을 모른다(탈출 14,8 참조). 오직 독자만 파라오 궁궐에서 일어나는 일을 알고, 파라오의 군대가 전속력으로 이스라엘을 뒤쫓고 있다는 사실과 이스라엘 백성이 이 위험을 모른 채로 광야에 있다는 것을 본다. 이러한 긴장감은 이스라엘 백성이 파라오와 그의 무서운 군대가 도착한 것을 알 때까지 고조된다. 이스라엘 백성이 사태를 파악했을 때 그들은 '덫에 걸린 쥐'처럼 되었다고 느꼈을 것이다.

이 지점이 바로 모세의 담화가 들어가는 부분이다(탈출 14,13-14 참조). 이스라엘 자손들은 "몹시 두려워했다."(탈출 14,10 참조) 하지만 모세는 "두려워하지들 마라."라고 이야기한다(탈출 14,13 참조). 우리는 이 상황에서 모세만 유일하게 두려움에 사로잡히지 않았음을 본다. 더불어 그는 처음으로 자신의 믿음을 확실하게 고백한다. 어떻게 그럴 수 있었을까? 본문에는 이에 관해 자세히 설명되어 있지 않다. 하느님께서 모세에게 파라오와 그의 군대를 짓누르는 당신의 영광을 보여 주실 것을 약속하신 것은 사실이지만(탈출 14,4 참조), 이 담화에서는 그 약속에 대한 어떤 암시도 찾아볼 수 없기 때문이다. 어쩌면 모세가 그 장소를 잘 알고 있었기에 이집트 병거가 진흙으로 무력해질 것을 예상했다고 생각할 수도 있다. 모세는 '어차피 바닷물이 되돌아오면서 나머지 일들이 정리될 것이다.'라고 생각했을까? 실제로 그렇게 되기까지 했다. 하지만 어디까지나 하나의 추정일 뿐이다. 어쨌든 갈대 바다 횡단 이야기에서 모세가 행동한 동기를 정확하게 밝히지 않기 때문이다.

이떤 경우에든, 이 이야기는 모세가 옳았음을 보여 준다. 파라오 군대는 결국 바닷속에서 전멸한다. 그리고 해가 뜨자 이스라엘인들은 바닷가에서 이집트인들의 시신을 발견한다(탈출 14,27 참조). 우리가 세 번째 '두려움'이란 단어를 발견하는 곳이 바로 이 부분이다.

이 때 두려움은 경외로 바뀐다. 이스라엘 백성은 끔찍한 위험에서 탈출하고, 하느님의 약속이 이루어진 광경을 보자 주님을 경외하고, 주님과 그분의 종 모세를 믿게 되었다(탈출 14,31 참조).

마침내 하느님께서는 크나큰 위험에서 이스라엘 백성을 구원하셨다. 이스라엘 백성은 파라오라는 폭군의 무력에서 벗어나 자신들을 구원하신 하느님을 향해 간다. 또한 이집트에서 광야를 향해, 노예 상태에서 자유를 향해, 밤에서 서광이 비치는 새벽으로, 한쪽 강변에서 건너편 강변으로, 폭군에 대한 두려움에서 하느님을 향한 경외로 나아간다. 하지만 무엇보다 이스라엘 백성이 두려움을 극복했다는 사실이 중요하다. 이전의 백성들은 이집트에 겁을 먹고 있었을 정도로 노예 상태에 있었기 때문이다. 그들이 두려움을 극복하고 노예의 강변에서 자유의 강변으로 건너가기 위해 바다에 진입할 때 비로소 자유로워진다.

결론적으로 탈출기 14장은 하나의 신앙 체험을 이야기한다. 이스라엘 백성은 억압자에 대한 두려움에서 벗어나고, 이집트의 파라오와 그의 군대들보다 훨씬 강력하신 창조주 하느님의 힘을 체험할 때 노예 상태에서 벗어난다. 갈대 바다 횡단 이야기는 바다를 건너고 밤을 보내며 서쪽에서 동쪽으로 나아가 죽음과 노예 상태의 강변에서 날이 밝아 올 무렵의 자유의 강변으로 건너가는 구원의 여정을 보여 준다.

제9장

다섯 번째 주제

광야에서 누구에게 의존할 것인가?

아말렉과의 전투에서 모세와 모세의 팔을 받쳐 든 아론과 후르.

존 에버렛 밀레이(John Everett Millais), 1871년.

캔버스에 유채, 194.7 × 141.3 cm.

맨체스터 미술관, 맨체스터, 영국.

이스라엘 백성은 광야에서 현실적인 문제를 마주해야 했다. 물과 양식을 찾아야 했고, 자신들을 위협하는 위험 요소에서 끊임없이 자신들을 보호해야 했던 것이다. 그들을 광야에서 이끄시는 분은 다름 아닌 이스라엘의 하느님이셨다. 고대적 사고관에서는 백성을 돌보시는 것이 하느님이시라는 사실은 자연스러웠다. 이 사실은 여느 주권자가 그렇듯 하느님을 당신 백성이 마주한 위험에서 구출하실 수 있는 분으로 묘사하고, 이에 따라 하느님께서 실제적인 그들의 주권자이심을 보여 줌으로써 드러난다. 더불어 이러한 점은 이스라엘 백성의 갈망에 대한 응답으로 광야에서 일어나는 하느님의 개입을 묘사하는 이야기가 형성되는 기초가 된다. 광야에서의 이야기는 탈출기 15장에서 18장까지 집약되어 있는데, 때때로 민수기에서도 발견된다(민수 11; 20; 21장 참조). 그 가운데 유명한 세 가지 이야기는 '만나를 주심'(탈출 16,1-36 참조), '바위에서 솟아오른 물'(탈출 17,1-7 참조) 그리고 '아말렉족과의 전투'다(탈출 17,8-16 참조).

만나와 메추라기

'만나를 주심'은 '메추라기 떼를 보내심'(탈출 16,13 참조)과 동반하는데, 이 기적은 민수기에 나오는 이야기의 주제도 구성한다(민수 11,4-35 참조). 하지만 탈출기 16장은 하느님께서 만나를 주신 것을 이야기하는 반면, 민수기 11장은 메추라기 떼를 보내신 것에 집중한다는 특징이 있다. 탈출기의 경우 이 이야기는 안식일 법을 부각한다. 하느님의 선물인 만나는 7일 중 6일에 걸쳐 거둘 수 있지만, 일곱째 날에는 하늘에서 만나가 내리지 않았다(탈출 16,22-30 참조). 사실 안식일은 쉼을 위한 날이고, 이 이유로 여섯째 날은 평소보다 두 배의 양이 내렸다. 따라서 만나 이야기는 어떤 방식으로 이스라엘 백성이 광야에서 안식일을 '마주하게' 되었는지 드러낸다. 흥미로운 사실은 안식일 법과 같이 특별히 중요한 법이 실제로 제정되기 이전에도 이것이 체험되고 있다는 점이다.[14] 곧 안식일의 경험은

14 안식일이 정식으로 제정된 것은 이보다 이후인 탈출기 20장 부분으로, 십계명의 내용에 들어가 있다(탈출 20,8-11 참조).

법 제정 이전에 이미 이루어졌다.

이어서 이 장은 하느님께서 당신 백성을 시험하는 이야기를 형성하기 위해 재구성된다.

주님께서 모세에게 말씀하셨다. "이제 내가 하늘에서 너희에게 양식을 비처럼 내려 줄 터이니, 백성은 날마다 나가서 그날 먹을 만큼 모아들이게 하여라. 이렇게 하여 나는 이 백성이 나의 지시를 따르는지 따르지 않는지 시험해 보겠다. 엿샛날에는, 그날 거두어들인 것으로 음식을 장만해 보면, 날마다 모아들이던 것의 갑절이 될 것이다."(탈출 16,4-5)

이와 비슷한 이야기가 신명기에도 나타난다.

"너희는 이 사십 년 동안 광야에서 주 너희 하느님께서 너희를 인도하신 모든 길을 기억하여라. 그것은 너희를 낮추시고, 너희가 당신의 계명을 지키는지 지키지 않는지 너희 마음속을 알아보시려고 너희를 시험하신 것이다."(신명 8,2)

이 두 본문의 유사성은 명백하다. 만약 16장 28절의 내용을 그대로 받아들인다면 이스라엘 백성은 이 시험을 잘 통과하지 못한 것으로 볼 수 있다. "주님께서 모세에게 말씀하셨다. '너희는 언제까

지 내 계명과 내 지시를 지키지 않으려느냐?'"(탈출 16,28)

더불어 만나 이야기에서 보이는 세 가지 연속적이고도 상호 보완적인 측면을 주목할 수 있다. 하느님께서는 광야에서 당신 백성을 위한 양식을 만들어 낼 수 있으신 분이시다. 광야라는 장소는, 비록 불가능하지 않을지라도 양식을 찾기 어려운 곳이다. 이 사실은 이 본문이 특별한 형식을 다음 구절에서 사용하는 동기가 된다.

> 이것을 보고 이스라엘 자손들은 그것이 무엇인지 몰라, "이게 무엇이냐?" 하고 서로 물었다. 모세가 그들에게 말하였다. "이것은 주님께서 너희에게 먹으라고 주신 양식이다."(탈출 16,15)

양식을 주시는 것에 관련된 이 형식은 창세기의 시작부에 있는 이야기에서 두 번 더 발견된다. 첫 번째로, 창조 이야기에서 하느님께서는 다음과 같이 말씀하신다.

> 하느님께서 말씀하시기를 "이제 내가 온 땅 위에서 씨를 맺는 모든 풀과 씨 있는 모든 과일나무를 너희에게 준다. 이것이 너희의 양식이 될 것이다. 땅의 모든 짐승과 하늘의 모든 새와 땅을 기어 다니는 모든 생물에게는 온갖 푸른 풀을 양식으로 준다." 하시자, 그대로 되었다.(창세 1,29-30)

두 번째로, 홍수 이야기에서 하느님께서 노아에게 말씀하실 때도 나타난다.

> "그리고 너는 먹을 수 있는 온갖 양식을 가져다 쌓아 두어, 너와 그들의 양식이 되게 하여라."(창세 6,21)

이와 같은 비슷한 표현을 통해 만나를 주신 것은 창조주 하느님의 배려로 이해할 수 있다. 만나는 분명 당신 백성을 위한 것이다. 창조주 하느님께서 당신의 모든 창조물에 양식을 충분히 만들어 주시듯이, 노아와 배에 탄 이들에게 홍수를 예견하시며 그들의 양식을 걱정해 주신다. 또한 그분께서는 광야에 있는 당신 백성을 돌보신다. 이처럼 창조주의 힘을 보여 주시는 하느님께서는 광야라는 황량한 땅에서도 당신 백성을 먹여 주실 수 있다.

만나는 무엇인가? 광야에서 완성된 이 기적들은 항상 많은 이들의 관심을 끌어왔다. 성경에 나오는 만나 이야기에서는 만나를 명확하게 묘사한다. "이슬이 걷힌 뒤에 보니, 잘기가 땅에 내린 서리처럼 잔 알갱이들이 광야 위에 깔려 있는 것이었다."(탈출 16,14) 민수기에서는 몇 가지 자세한 사항을 덧붙인다. "만나는 고수 씨앗과 비슷하고 그 빛깔은 브델리움 같았다."(민수 11,7) 주석가들은 이에 관해 다양한 설명을 제시했다. 가장 널리 퍼진 견해는 만나가 시나이 반도에서 자라는 위성류 관목의 분비물이라는 것이다. 이 관목은 아카시아와 비슷한 식물로서 '타마릭스 마니페라Tamarix mannifera'라는 학명을 가졌다. 특정 벌레(학명 '코쿠스 만니파루스coccus manniparus')가 이 관목에 붙었을 때, 이 관목의 송진이 땅으로 물방울 모양의 먹을 수 있는 구체를 분비하여 떨어뜨리는데, 이는 베두인(아라비아 반도를 중심으로 유목 생활을 하는 아랍인)들이 잘 아는 음식의 일종이기도 하다. 성경적 사고관에 따르면, 광야에서의 양식은 그 자체로 '기적'이자 '신비'다. 보통 광야에서는 아무것도 찾을 수 없기 때문이다.

메추라기와 관련해서 살펴보자면, 이 지역의 여행자들이 자주 묘사하고 또 상대적으로 잘 알려진 현상을 다룬다고 볼 수 있다. 메추라기(학명 '코투르닉스 코투르닉스Coturnix coturnix')는 철새의 한 종류로서 겨울을 북아프리카, 곧 이집트와 수단에서 보낸다. 이 작은 새들은 다양한 루트를 따라 유럽과 북아시아로 올라가는데, 그중 여정에 지친 일부 무리는 역풍과 같은 바람 때문에 땅으로 떨어질 수 있다. 이 현상은 지중해 동부 해양에서도 그러하듯이 시나이 반도에서도 관찰될 수 있다. 그러나 메추라기들은 본래 독미나리와 같은 독성 식물을 먹고 살기 때문에 사람이 먹을 수 없다. 특히나 무리를 지은 것들은 식용으로 사용할 수 없다. 반면 유럽이나 북아시아에 서식하는 메추라기들은 곡물을 먹고 살기에 8월에 남부로 이주할 때 식용으로 사용할 수 있다. 이 사실은 민수기 11장 31~34절 부분에서 메추라기 떼를 먹은 사람들이 죽었는데, 왜 탈출기 16장 13절에서 언급된 메추라기 떼에서는 이러한 부작용이 발생하지 않았는지 설명하는 방식 중 하나다.

어쨌든 이 기적 이야기들을 통해 이스라엘의 하느님께서 대자연에 명령하시는 분이심을 알 수 있다. 동시에 가혹하고 살 곳이 못되는 땅에서 당신 백성의 생존을 보장하실 수 있는 분이심을 이해할 수 있다. 광야에서 매일 살아남는 것은 말 그대로 기적이며 만나와 메추라기의 이야기가 강조하고자 하는 바다.

물이 솟아난 기적 — 하느님의 선물

식수 문제는 황량하고 사막화된 지역, 즉 "사막과 구렁의 땅, 가뭄과 암흑의 땅, 어떤 인간도 지나다니지 않고 어떤 사람도 살지 않는 땅"(예레 2,6 참조)에서 일어나는 문제 중 가장 큰 걱정거리다. 탈출기에서는 이를 다루는 두 가지 이야기가 존재한다(탈출 15,23-26; 17,1-7 참조).

탈출기 15장 23~26절은 이스라엘 백성의 광야 체류에 관한 첫 이야기이자 마실 물을 찾는 내용을 다루는 중요한 이야기다. 이 부분에서 이스라엘 백성은 히브리어로 '쓰디씀'을 뜻하는 '마라'라고 불리는 지역에 도착한다. 실제로 여기에서 발견되는 물은 쓰디썼다. 하지만 하느님께서는 모세에게 이 물에 나뭇조각을 넣음으로써 마실 수 있는 물로 만들라고 지시하신다. 광야의 베두인들은 간혹

이와 유사한 상황에서 물의 질을 바꿀 수 있는 식물 혹은 초목의 효능을 알고 있다.

탈출기 17장 1~7절의 이야기에서 모세가 하느님의 지시에 따라 바위에서 물을 솟아오르게 한다. 이것은 참으로 놀랍다. 얼핏 보면 비현실적으로 비칠 수 있다. 하지만 사실 시나이 지역의 베두인들은 이와 비슷한 현상을 알고 있다. 몇몇 특정한 지점의 땅을 파면, 화강암질의 지표면 아래 지하수가 흐르는 곳에 도달할 수 있다는 사실이 그 예다. 이에 더해 성경의 이야기와 더 가까워 보이는 설명도 존재한다. 광야의 바위들은 급격한 기온 변화가 있는 지역에서 균열이 생길 수 있다. 비록 미세할지라도 대기 중 습기가 시간이 흐름에 따라 어느 정도의 수분 형태로 이러한 깨진 틈 사이에 응집될 수 있다. 이 수분이 특정 바위에 누적되고 표면 장력으로 인해 그곳에 남아 있을 수 있는데, 균형 상태를 깨뜨리기 위해 바위를 부수면, 이 균열에서 물을 솟아오르게 할 수 있다. 물론 그 장소는 사전에 알고 있어야 한다.

이 경우, 만나 혹은 메추라기 이야기처럼 '기적'은 그 누구도 물을 기대할 수 없으리라 생각한 곳에서 물을 찾을 수 있다는 사실 자체에 존재한다. 성경적 사고관에서 모든 것은 하느님의 선물이다. 특히 그것을 예상하거나 기대하지 못한 장소에서는 더욱 그렇다.

광야에서 아말렉의 위협을 받다

광야에는 수많은 위험이 도사리는데, 그중 하나는 약탈자들의 갑작스러운 공격이다. 탈출기는 이와 관련된 이야기를 단 하나 전달하는데, 이는 다소 상징적으로 드러난다. 우리는 이 이야기를 17장의 마지막 부분에서 찾을 수 있다(탈출 17,8-16 참조). 이 본문은 아말렉인들에게 받는 공격에 대해 다루는데, 자세한 경위를 전달하는 데에는 인색하다. 하지만 이 이야기에 해당하는 신명기 부분은 이러한 측면에서 더 관대하다.

> "너희가 이집트에서 나오던 길에 아말렉인들이 너희에게 한 짓을 기억하여라. 그들은 너희가 피곤하고 지쳐 있을 때에 너희와 길에서 마주치자, 하느님 두려운 줄도 모르고 너희 뒤에 처진 사람들을 모두 쳐 죽였다."(신명 25,17-18)

광야의 유목 부족 중 하나인 아말렉은 비겁하게도 이스라엘 백성이 지쳐 있는 점을 이용하여 이스라엘의 후방을 기습했다. 여기에서 나타나는 "하느님 두려운 줄도 모르고"라는 구절은 당시의 암묵적 관습 혹은 규칙을 준수하지 않았음을 의미한다. 오늘날의 표현으로는 '누구도 그렇게 행동하면 안 된다.', '부정행위를 하다.'라고 이야기할 수 있다. 신명기와는 달리, 탈출기에서 일어나는 이 전투 이야기는 '아말렉은 공격하고 이스라엘은 방어한다.'라고 정리할 수 있을 정도로 간결하게 서술된다. 한 전투를 극적으로 자세히 묘사하는 호메로스Homeros(기원전 9세기~기원전 8세기)와는 달리, 간결한 형태로 전하려는 성경 이야기의 고유한 특징으로 인한 것이다.

아말렉과의 전투 이야기와 관련하여, 예를 들어 전장에서 여호수아가 채택했던 전략 등과 같은 사항에 대해 알 수 있는 것은 거의 없다. 사실 이스라엘 군대에 명령권을 가진 사람은 여호수아지만, 이 이야기는 승리를 결정짓는 모세의 행위에 머물러 있다. 즉 모세가 전장을 지배할 언덕 위에 머물고 손을 드는 것을 말한다. 이 본문은 한쪽 손(탈출 17,11 참조) 혹은 양손(탈출 17,12 참조) 모두에 관해 이야기한다. 모세의 손이 들리면 이스라엘이 우위를 점하고, 모세의 손이 떨어지면 아말렉이 우세해진다(탈출 17,11 참조). 이러한 연유에서 모세는 바위 위에 앉아 손을 들고, 아론과 후르는 모세의 손이 들려 있을 수 있도록 팔을 받쳐 준다(탈출 17,12 참조). 전통적으로 이 몸짓은 하나의 기도, 곧 승리를 얻게 해 주는 효과적인 기도로 해석되었다. 따라서 이 기도는 강력한 군대 혹은 빼어난 지략가 앞에서 중요했을 것이다.

하지만 이 행동의 의미에 관련된 학자들의 의견을 살펴보면, 생각보다 쉽게 정의 내릴 수 있는 것은 아니다. 사실 본문에 따르면 이 몸짓은 어떤 특정한 탄원을 동반하지 않기에, 다양한 해석이 가능하다. 더군다나 기도하는 이는 보통 기도할 때에 주님을 향해 자신의 영혼을 들어 올린다(시편 25,1; 86,4 참조). 주목할 점은 이 행위의 표현에 있는데, 기도하는 이가 하느님 혹은 성전을 향해 팔을 들어 올리는 장면을 묘사할 때의 히브리어 원문은 모세가 팔을 들어 올렸을 때를 표현한 '들어 올리다'와는 다른 동사를 사용한다는 점이다(시편 28,2; 63,5; 119,48; 134,2; 141,2; 신명 32,40; 1열왕 8,22.54; 느헤 8,6 등 참조). 반면 탈출기 17장 11절에서 사용된 동사는 자신의 힘이나 자유를 확증하길 원할 때의 맥락에서 발견된다(탈출 14,8; 민수 33,3; 시편 89,14; 이사 26,11 참조; '자의로 행동하다'를 의미하는 '손을 드는' 행위를 가리키는 부분은 민수 15,30 참조). 따라서 모세의 동작은 기도의 몸짓을 반영한다기보다는 권위를 나타내는 행위로 보는 것이 맞다.

모세의 행위를 더욱 잘 이해하도록 도와주는 이야기가 여호수아기 8장에서 발견된다. 이스라엘이 아이 성읍과 전투할 때, 하느님께서는 여호수아에게 손에 든 창을 목표물인 성읍으로 뻗으라고 명령하신다(여호 8,18-19 참조). 이 몸짓은 하나의 신호이기도 하지만, 동시에 이스라엘의 승리를 보증해 주는 행위와 같다. "네 손에 든 창을 아이 쪽으로 내뻗어라. 내가 저곳을 네 손에 넘겨주겠다."(여호 8,18) 실제로 여기에는 신속한 승리가 뒤따른다.

또 다른 예는 엘리사 예언자에 관한 이야기에서 찾을 수 있다(2열왕 13,14-19 참조). 이 이야기에서 엘리사 예언자는 북이스라엘 왕국의 임금 여호아스에게 동쪽 창문을 향해 화살을 쏘고, 또 이를 화살통과 함께 땅에 내리치라고 지시한다. 이때 그는 적군인 아람에 대한 이스라엘의 승리를 가능케 한다(2열왕 13,17-19 참조). 따라서 이러한 행동은 전투에서의 긍정적 결과를 예견하는 효과적 행위며, 모세가 한 행동과도 일맥상통한다.

마지막으로 이 이야기는 구약 자체에 대한 첫 암시를 담는다. "이 일을 기념하여 책에 기록해 두어라. 그리고 내가 아말렉에 대한 기억을 하늘 아래에서 완전히 없애 버리겠다는 것을 여호수아에게 똑똑히 일러 주어라."(탈출 17,14) 이 본문에는 어떤 기록에 관해 이야기하는지 나오지 않지만, 당시 정벌 과정 중에 임금들이 참고할 만한 일종의 연대기와 같은 책일 가능성이 있다. 이 본문에 따르면 아말렉은 여러 번 다른 본문에서도 나타나듯이(민수 24,20; 신명 25,17-19; 1사무 15,3 참조; 또는 창세 36,12; 시편 83,8 참조) 이스라엘의 '절대적 원수'다. 예를 들어 사울은 승리 이후 아말렉을 멸절시키려 하지 않았기에 몰락한다(1사무 15장 참조). 사무엘기 상권 30장에 따르면 다윗 임금은 아말렉족과 싸울 것이며, 사무엘기 하권 1장 8~11절에 따르면 사울을 끝장낼 군대는 아말렉이 된다.

다시 탈출기로 돌아오자. 뒤이어 모세는 전투를 기념하기 위한 제단을 세운다(탈출 17,15 참조). 따라서 이 본문은 군사 전략적 측면이 아닌 사건의 종교적 측면을 더 강조한다. 여기에서 여호수아는 부차적 인물이고 모든 것은 모세의 행위에 달려 있다. 더불어 이 이야기는 이스라엘의 긴 역사 여정에서 만나는 첫 전투라는 점에서 상징적 사건이라고 볼 수 있다. 이 상징에 담긴 메시지는 무엇일까? 우리가 발견할 수 있는 교훈은 명백하다. 이스라엘 백성은 그들의 구원과 승리가 어디에서 오는지를 알고, 또 알아야만 한다는 것이다.

광야에서의 어려움이 말하고자 하는 것

우리는 민수기에서 광야 정착에서 나타나는 위험 요소들에 대해 읽을 수 있으며, 이는 신명기의 초반부에도 요약되어 있다(신명 1-3장; 9-10장 참조). 광야에서의 이야기에 담긴 주된 의도는 동서고금의 서기관들이 사용하는 방식처럼 사건들의 구체적이고도 철저한 사실 관계를 전하는 것에 있지 않다. 바오로 사도가 코린토 신자들에게 보낸 서간에서 "이 일들은 우리를 위한 본보기로 일어났습니다."(1코린 10,6)라고 말했듯이, 한 백성의 기억을 토대로 과거에 바탕을 둔 일련의 교훈을 전해 주고자 한다. 광야에서의 이야기의 근본적인 성격은 다른 모든 것에 우선한다. 누가 광야에서 물과 양식을 만들 수 있을까? 누가 이스라엘 백성에게 승리를 안길 수 있는가? 모든 것이 부족한 상황에서 우리는 어떻게 해야 할까? 과연 누구에게 의지해야 하는가? 이 이야기는 바로 이 질문들에 답변하고자 했던 것이다.

제10장

여섯 번째 주제

이스라엘 한가운데 내 천막을 세우리라

이스라엘 백성에게 예루살렘 성전의 보물을 돌려주는 페르시아의 키루스 왕.

페르디난드 볼(Ferdinand Bol), 1667년.
캔버스에 유채, 408 × 409 cm.
암스테르담 국립 미술관, 암스테르담, 네덜란드.

우리는 이집트 탈출을 이끄신 하느님이 '여정 중'이신 하느님이심을 보았다. 하느님께서는 광야에서 약속의 땅으로의 행군 동안 당신 백성을 앞서가며 이끄신다. 오랫동안 이어진 성찰의 결실인 하느님의 이 이미지는 구약 성경의 중심적 주제이자 탈출기에서 이끌어 낼 수 있는 열매 가운데 그 첫 자리에 있으며, 그 열매는 신약까지 이어진다. 따라서 이 성찰의 발자취를 짚어 보는 것은 중요하다.

하느님께서 머무시는 곳

고대 근동 지역에서의 종교 관습은 '지방신' 제례라는 공통점이 있다. 이에 따르면 신적 존재는 특정 사원, 성소에 거주한다고 한다. 사실상 이러한 장소들이 신적 존재의 지상 '거처'인 셈이다. 예를 들어 므로닥 신은 바빌론에 사원을 갖고 있고, 그 도시에서 바빌론 임금에 의해 지배받는 왕국을 다스린다. 이와 유사하게 니네베에 있는 아수르Assur 신은 아시리아 왕국을 통치한다. 같은 맥락에서 우가릿에 바알 신을 위한 성소를 짓는 것, 아테나Atena 여신이 파르테논 신전을 갖는 것, 혹은 유피테르(제우스) 신이 로마 캄피돌리오의 신전을 소유하는 것 등 이와 관련된 예는 많다.

이스라엘의 하느님께서는 시온산, 곧 예루살렘에 당신의 거처를 세우실 것을 선택하셨다. 모두가 알듯이 이 선택은 성경의 기원이 되는 유다인 공동체의 경전에서 찾을 수 있다. 반면 사마리아인들은 하느님께서 스켐 근처의 그리짐산을 선택하셨고, 예루살렘이 아닌 그 산꼭대기에 그분의 거처를 찾을 수 있다고 주장했다(요한 4,20 참조). 하느님의 거처인 성전이 시온산에 있든 그리짐산에 있든 이 모든 경우는 '지역적' 신의 사고에 기반한다.

이러한 연유로 이스라엘에서는 기도하는 이가 신적인 도움을 청할 때 성전 쪽을 향해 몸을 돌리는데, 솔로몬 임금이 성전 봉헌식 때 했던 기도에서도 이 모습이 나타난다. "또한 당신 종과 당신 백성 이스라엘이 이곳을 향하여 드리는 간청을 들어 주십시오. 부디 당신께서는 계시는 곳 하늘에서 들어 주십시오. 들으시고 용서해 주십시오."(1열왕 8,30) 믿는 이들은 성전을 바라보며 기도드리고 하느님께서는 그분의 천상 거처에서 이 기도를 들으신다. 사실 하느님께서는 '당신의 이름이 머물게 하도록' 일종의 두 번째 거처이자 천상과 직접 소통할 수 있는 지상의 매개체로서 시온 성전을 선택하셨다(1열왕 8,29; 신명 12,5.11; 에제 48,35 참조).

실제로 이 관점은 모든 시편을 관통한다. 시편 저자의 기도는 시편 138편 2절에 나타났듯이 성전을 향한다. "당신의 거룩한 궁전을 향해 엎드려 당신의 이름을 찬송합니다."(또는 시편 5,8; 1열왕 8,44.48; 다니 6,11 참조). 더 나아가 시편 저자는 큰 위험 가운데 있을 때 성전에서 피난처를 찾는데, 다음 시편 구절에서 이 모습이 잘 드러난다.

> 주님께 청하는 것이 하나 있어
> 나 그것을 얻고자 하니
> 내 한평생
> 주님의 집에 살며
> 주님의 아름다움을 우러러보고
> 그분 궁전을 눈여겨보는 것이라네.
> 환난의 날에
> 그분께서 나를 당신 초막에 숨기시고
> 당신 천막 은밀한 곳에 감추시며
> 바위 위로 나를 들어 올리시리라.(시편 27,4-5)

이와 같은 탄원은 시편 18편 3절, 23편 6절, 31편 21절, 42편

3절, 84편 1~13절에서도 나타난다. 하느님께서 탄원하는 이들의 목소리를 들으시는 것도 성전에서 이루어지는데, 이는 다음 시편 구절에서도 언급된다.

> 저승의 오랏줄이 나를 휘감고
> 죽음의 올가미가 나를 덮쳤네.
> 이 곤경 중에 내가 주님을 부르고
> 내 하느님께 도움을 청하였더니
> 당신 궁전에서 내 목소리 들으셨네.
> 도움 청하는 내 소리 그분 귀에 다다랐네.(시편 18,6-7)

믿는 이가 성전을 향한 순례 중 '하느님을 뵙길', 곧 하느님의 현존 곁에 있길 원하는 이유가 바로 이것이다. 우리는 예루살렘을 향해 순례하는 이들이 낭송했던 '순례 시편'을 알고 있다(시편 120-134편 참조). 이 시편 가운데 가장 많이 낭송된 것은 "'주님의 집으로 가세!' 사람들이 나에게 이를 제 나는 기뻤네. 예루살렘아, 네 성문에 이미 우리 발이 서 있구나."(시편 122,1-2)로 시작하는 시편 122편일 것이다. 믿는 이의 열망은 '하느님을 뵐 수 있는 것'이다. 시편 42편에 따르면 이것은 예루살렘 성전에서만 가능하다.

암사슴이 시냇물을
그리워하듯
하느님, 제 영혼이 당신을
이토록 그리워합니다.
제 영혼이 하느님을,
제 생명의 하느님을 목말라합니다.
그 하느님의 얼굴을
언제나 가서 뵈올 수 있겠습니까?(시편 42,2-3)

이 시편 구절의 마지막 줄은 히브리어 원문 동사의 모음이 약간 수정되어 있다.[15] 따라서 이 문단은 프랑스 공동 번역 성경《TOB》에 따라 다음과 같이 해석할 수도 있다. "언제나 그 안에 들어가 하느님 앞에 나설 수 있겠습니까?" 이스라엘 백성의 모든 믿는 이는 하느님의 현존 곁에 있길 열렬히 갈망한다. 이것이 예루살렘 성전에서만 가능하다는 사상은 이스라엘 신앙에 뿌리 깊게 자리 잡고 있다. 신명기 16장 16~17절(탈출 23,14.17 참조)에 쓰여 있듯이, 이스라엘의 모든 백성이 해마다 세 번씩 이 성전을 중심으로 순례해야 한다는 사실에서 알 수 있다.

15 구약 성경의 히브리어 원문은 본래 자음만 적힌 형태였다. 모음이 찍힌 것은 이보다 훨씬 후대의 마소라 본문이 편찬될 때인데, 이에 따라 원문 자음에 다른 모음을 찍어 해석할 가능성이 열려 있다.

예루살렘 순례 영성은 오랫동안 이스라엘 신앙에 활력을 주었다. 하지만 한 사건이 이 모든 것에 새로운 시선을 가져다준다. 기원전 586년 바빌론의 네부카드네자르 임금이 자신에게 저항했던 남유다 왕국의 치드키야 임금에게 군대를 보내 예루살렘을 점령한 것이다. 이때 성전은 파괴되고 성읍은 불태워졌다. 하느님의 '지상 매개체'가 더는 존재하지 않는 이 상황에서 어떻게 그분을 부를 수 있을까?

하느님, 민족들이 당신 소유의 땅으로 쳐들어와
당신의 거룩한 궁전을 더럽히고
예루살렘을 폐허로 만들었습니다.
당신 종들의 주검을
하늘의 새들에게 먹이로 내주고
당신께 충실한 이들의 살을 들짐승들에게 주었습니다.(시편 79,1-2)

이 맥락을 잘 파악한다면, 같은 시편에서 던져진 질문에 담긴 심오한 의미를 이해하기 쉬워진다. "'저들의 하느님이 어디 있느냐?' 민족들이 이렇게 말해서야 어찌 되겠습니까?"(시편 79,10) '민족들' 곧 이방인들은 하느님의 성전을 파괴했고, 이에 따라 하느님께서는 당신 아래 지상적 거처를 더는 갖지 않게 되셨다. 오늘날의 표현으로 이스라엘은 하느님께 더 가까이 다가갈 수 없게 되었다. 과연 이 문제를 어떻게 해결할 것인가?

그분의 성전을 어디에서 찾을 것인가?

예레미야와 에제키엘 예언자는 성전 파괴와 바빌론 유배에 처한 시련 앞에서, 오히려 이스라엘 백성의 믿음을 새롭게 했다. 그들은 이스라엘의 하느님께서 예루살렘 성전에만 결부되시지 않음을, 곧 그분께서 '특정 지역에 한정된 하느님이 아니심'을 보여 줄 필요가 있었다. 예레미야 예언자가 예언한 의미심장한 문장을 살펴보자. "내가 가까운 곳의 하느님이기만 하고 먼 곳의 하느님은 아닌 줄 아느냐? 주님의 말씀이다."(예레 23,23) 그리고 다음과 같은 구절이 덧붙여진다. "사람이 은밀한 곳에 숨는다고 내가 그를 보지 못할 줄 아느냐? 주님의 말씀이다. 내가 하늘과 땅을 가득 채우고 있지 않느냐? 주님의 말씀이다."(예레 23,24) 예루살렘 성전에서 흠숭받으시는 이스라엘의 하느님께서는 하늘과 땅의 하느님, 온 세상의 하느님이시다. 이는 다음의 시편이 노래하는 바이기도 하다.

> 땅 깊은 곳들도 그분 손안에 있고
> 산봉우리들도 그분 것이네.
> 바다도 그분 것, 몸소 만드시었네.
> 마른 땅도 그분 손수 빚으시었네.(시편 95,4-5)

따라서 하느님의 힘은 예루살렘 성전이나 남유다 왕국과 같은 작은 영역에 한정되어 있지 않다. 이에 더해 에제키엘 예언자는 우리를 이집트 탈출 신학의 세계로 한발 더 앞서 인도한다. 성전에 머무시는 하느님께서는 얼마든지 이동하실 수 있다. 성전에서 탁월하고도 찬란한 현존으로 나타나는 '주님의 영광'에 관한 놀라운 환시에서, 에제키엘 예언자는 '주님의 수레'로 부를 수 있는 존재를 묘사한다(에제 1,4-28 참조). 그는 사람, 독수리, 황소, 사자의 형상을 한 비행할 수 있는 존재들로 옮겨지는 주님을 본다. 여기서 나타나는 형상은 인간, 새들의 왕인 독수리, 가축 중 가장 강한 황소와 모든 들짐승 중 가장 힘센 사자의 특성이 결합된 것이다. 또한 이 수레는 하느님을 이동할 수 있게 하는 고급스러운 네 바퀴가 달려 있다. 이러한 연유로 하느님의 '영광'이 모든 것이 파괴되고 오염되기 이전에 성전(에제 10,18-22 참조)과 거룩한 성읍(에제 11,22-25 참조)을 떠나실 수 있게 된다. 에제키엘서 43장에서 에제키엘 예언자는 '주님의 영광'이 예루살렘으로 돌아와, 재건될 성전을 다시 취하실 것을 보게 된다(에제 43,1-12 참조).

이 부분을 쉽게 해석할 수는 없지만, 적어도 주요한 부분은 주의 깊게 읽어야 한다. 즉 '주님의 영광'은 예루살렘으로 돌아올 수 있게 되기 전, 에제키엘 예언자와 유배 중인 이들을 따라가기 위해 성전과 거룩한 성읍을 떠나셨다는 사실이다. 또한 에제키엘 예언자는 바빌론에서 나타난 영광이 성전을 떠난 영광과 같은 것이라고 말한다(에제 10,21-22; 43,3 참조). 이 말은 이스라엘의 하느님, 곧 주님의 영광이 유배 중인 당신 백성을 따라가기 위해 이동하실 수 있음을 의미한다. 그리고 하느님께서는 백성이 유배 중인 곳에서 잠시 성전이 되어 주실 것이다(에제 11,16 참조). 따라서 유배자들은 하느님께 버림받은 것이 아니다. 하느님의 '영광'은 움직이며 그들 곁에 함께 하시기 때문이다.

이스라엘 백성의 천막에 함께하시는 주님

우리는 이제 이집트 탈출의 영적 의미를 더 잘 이해하기 위해 필요한 것이 무엇인지 알게 되었다. 당신 백성을 이집트의 노예 상태에서 벗어나게 하신 하느님께서는 이제 당신 백성 가운데 주인으로 머무르시게 되었다. 그러나 이스라엘 백성은 당시 주변 문화와는 반대로, 어떤 특정 왕국을 건국한다든지, 수도를 지정해 세운다든지, 더 나아가 성전을 지을 필요가 없게 되었다. 이스라엘 백성은 여호수아가 땅을 정복하기 이전, 다윗 임금이 예루살렘을 정복하고 또 솔로몬 임금이 성전을 건립하기 훨씬 전, 약속의 땅에서 멀리 떨어진, 불안정한 상황 속의 광야에 있다. 하지만 하느님께서는 이미 모든 것이 갖춰지기 전인 이 불안정한 광야에서부터 그들과 함께 계신다. 진정 하느님께서는 성전이 아닌, 모든 이스라엘 백성이 머무는 비슷한 천막을 선택하시어 그들과 함께 머무르신다. 히브리인들에게 보낸 서간에서 이야기하듯이 순례자와 함께 순례하시고, 방랑하는 이들과 같은 조건에 사시며 그들과 함께 길을 걸으신다. “사실 땅 위에는 우리를 위한 영원한 도성이 없습니다.”(히브 13,14) 이스라엘 백성이 약속의 땅에 진입한 이후에야 모세의 노래에서 불렀던 바, 곧 고정된 성소의 건립이 실현되는 것이다. “당신께서 그들을 데려다 당신 소유의 산에 심으셨습니다. 주님, 그 산은 당신께서 살려고 만드신 곳, 주님, 당신 손수 세우신 성소입니다.”(탈출 15,17)

이것은 진정한 신학적 혁신이다. 실제로 탈출기의 하느님께서는 여정의 위태로운 상황이나 당신 백성의 유목 생활을 경멸하지 않으신다. 오히려 성전보다는 천막을, 뿌리내린 것보다 머지않아 옮겨야 할 처소를 취하신다. 즉 이 탈출기 신학은 시편에서 찾을 수 있는 성전의 종교적 의미를 재해석하고 또 이 의미를 반전시킨다. 시편에서 순례자가 성전에서 ‘하느님을 뵙기’ 위해 그곳을 향한다면, 탈출기에서 성전은 순례자들과 함께 여정의 최종 목표를 향해 함께 걸어가는 성소를 의미한다. 따라서 이 여정은 어느 고정된 성소를 향해 가는 순례가 아니다. 반대로 순례하는 이들과 함께 순례하시고, 여정 중인 이들과 함께 여행하시며, 유목하는 이들과 함께 유목하시는 하느님께서 거주하시는 성막 성전이 동행하는 것이다.

다윗 임금이 예루살렘에 하느님을 위해 안정적인 거처인 성전을 건설하려고 했을 때, 하느님께서는 당신이 천막 아래 사는 것을 항상 선호하셨음을 다윗 임금에게 상기시키기 위해 나탄 예언자를 보내시어 다음과 같이 말씀하신다.

"나는 이집트에서 이스라엘 자손들을 데리고 올라온 날부터 오늘까지, 어떤 집에서도 산 적이 없다. 천막과 성막 안에만 있으면서 옮겨 다녔다. 내가 이스라엘의 모든 자손과 함께 옮겨 다니던 그 모든 곳에서, 내 백성 이스라엘을 돌보라고 명령한 이스라엘의 어느 지파에게, 어찌하여 나에게 향백나무 집을 지어 주지 않느냐고 한마디라도 말한 적이 있느냐?"(2사무 7,6-7)

우리가 이야기했던 모든 것이 이 말씀에서 성취된다. 하지만 이 부분이 요한 복음서 서문에도 나타난다는 것은 그다지 알려져 있지 않다. "말씀이 사람이 되시어 우리 가운데 사셨다(그리스어 원문은 "우리 가운데 천막을 세우셨다"). 우리는 그분의 영광을 보았다. 은총과 진리가 충만하신 아버지의 외아드님으로서 지니신 영광을 보았다."(요한 1,14)

이 구절에서 우리는 탈출기 신학의 두 가지 본질적 요소인 '천막'과 '영광'을 발견한다. 탈출기에서 성소가 완성되는 장면은 이렇게 묘사된다. "구름이 만남의 천막을 덮고 주님의 영광이 성막에 가득 찼다."(탈출 40,34) 여기에서의 '영광'은 구약 성경에서 당신 백성 가운데 함께하시는 하느님의 능동적 현존을 의미한다. 이 '영광'은 움직일 수 있는 성소인 '천막' 안에서 당신 백성과 함께 걸으신다. 신약 성경에서 하느님의 '영광'이 머무는 곳은 강생하신 말씀이신 예수님의 육신이다.

지금까지 우리는 심오한 영적 의미와 인류 안에 깊이 뿌리내린 신학을 발견하기 위해 성경의 이 넓은 부분을 관통하여 살펴보았다. 탈출기는 이스라엘의 하느님이 특정 장소보다 사람에 더 가까운 하느님이심을 알려 주며, 이러한 메시지를 담는 구약의 다른 성경 본문을 재해석하게 한다. 하느님께서는 분명 예루살렘 성전에 거처를 두시지만, 그 성전에만 결부되지 않으신다. 그보다는 바빌론 유배 가운데 있는 당신 백성을 따라가기 위해 손수 이동하신다. 이 체험은 이미 탈출기에 드러나 있는 것으로, 실제로 이스라엘을 형성한 근본적인 경험이기도 하다. 즉 이스라엘의 하느님께서는 이미 당신 백성 가운데 오셔서 광야에서 그들과 함께 걸으시고, 그들을 약속의 땅으로 가는 길로 인도해 주시는 가운데, 훗날 고정될 성전 안에서의 당신의 현존을 예고하신다. 하느님께서는 여행의 끝자락에서 당신 백성을 기다리지 않으시고, 이미 그들과 함께 걸으신다. 곧 하느님은 목적이자 길이신 것이다.

제11장

일곱 번째 주제

탈출기의 법전을 어떻게 읽어야 할까?

증언판을 든 모세.

클로드 비뇽(Claude Vignon), 1670년.
캔버스에 유채, 160 × 131.5 cm.
스톡홀름 국립 미술관, 스톡홀름, 스웨덴.

구약과 신약 — 다름 가운데의 연속성

"여러분은 율법 아래 있지 않고 은총 아래 있습니다."(로마 6,14)

많은 경우에, 구약 성경의 율법은 편견의 대상이 된다. 우리는 종종 동태 복수법,[16] 복음서의 참행복 선언, 그리고 '사랑의 법'의 정신을 대립시키기도 한다. 이와 관련하여, 마태오 복음서에서 찾을 수 있는 '동태 복수법'에 대한 성찰이 곧잘 언급된다.

16 우리가 '눈에는 눈, 이에는 이'라는 말로 잘 알고 있는 유형의 법을 일컫는 용어. 이는 처벌의 등가 원칙을 다루는 것으로 알려져 있다.

"'눈은 눈으로, 이는 이로.' 하고 이르신 말씀을 너희는 들었다. 그러나 나는 너희에게 말한다. 악인에게 맞서지 마라. 오히려 누가 네 오른뺨을 치거든 다른 뺨마저 돌려 대어라. 또 너를 재판에 걸어 네 속옷을 가지려는 자에게는 겉옷까지 내주어라. 누가 너에게 천 걸음을 가자고 강요하거든, 그와 함께 이천 걸음을 가 주어라. 달라는 자에게 주고 꾸려는 자를 물리치지 마라."(마태 5,38-42)

이 본문은 신약 성경이 구약 성경보다 우선한다는 것을 보여 주기 위해 인용되었다. 어떤 독자는 '얼마나 많은 그리스도인이 이 복음의 가르침을 문자 그대로 실행할까?'라는 자조적 질문을 던질 수 있다. 하지만 더 중요한 질문이 있다. 동태 복수법은 과연 무엇일까? '동태 복수법Legge del taglione'의 '복수'에 해당하는 이탈리아어 단어 '탈리에taglie'는 '이와 같은'이라는 의미를 지닌 라틴어 어휘인 '탈리스talis'에서 유래되었다. 하지만 본래 동태 복수법은 범죄와 처벌 사이의 등위 원칙에 관한 법, 달리 말해 처벌이 죄에 동등해야 한다거나 배상이 손해에 비례해야 한다는 원칙을 다루는 것이 아니다. 이 원칙은 이미 기원전 1792년과 1750년 사이에 통치한 고대 바빌론 임금 함무라비의 법전과 같은 고대 메소포타미아 법령이나 '탈리스'라는 단어가 나타나는 로마법의 첫 문헌 자료인 '12동판법'(기원전 451~449년)에도 잘 나와 있다. 이러한 방식은 보통 무제한적인 개인적 복수의 자리에 법률적 원칙을 개입시키기 위한 것이었다. 싸

움으로 인해 발생한 피해는 두 부족 사이에 벌어질 혈전의 원인이 되며, 더 이상의 분쟁을 지속하지 못할 정도로 한쪽이 무너질 때 끝나기 마련이다. 따라서 이러한 상황을 방지하기 위한 동태 복수법은 법적 세계에서는 진일보한 것이다. 더 나아가 이 법은 우리가 생각하듯이 문자 그대로 적용되지는 않았을 것이다. 동태 복수법의 원리가 처음 등장하는 탈출기의 구절을 통해 이를 설명할 수 있다.

> "그러나 다른 해가 뒤따르게 되면, 목숨은 목숨으로 갚아야 하고, 눈은 눈으로, 이는 이로, 손은 손으로, 발은 발로, 화상은 화상으로, 상처는 상처로, 멍은 멍으로 갚아야 한다. 어떤 사람이 자기 남종의 눈이나 여종의 눈을 때려 상하게 하였을 경우, 눈 대신 그를 자유로운 몸으로 내보내야 한다. 그가 자기 남종의 이나 여종의 이를 부러뜨렸어도, 이 대신 그를 자유로운 몸으로 내보내야 한다."(탈출 21,23-27)

여기에서는 두 가지 구체적인 방식이 드러난다. 어떤 주인이 자신의 남종 혹은 여종의 눈을 때렸을 때, 그 주인의 눈에 상해를 입혀야 한다고 나와 있지 않다. 그 대신 놀랍게도 주인은 그 남종 혹은 여종을 자유롭게 풀어 줘야 한다고 나온다. 주인이 종의 이를 부러뜨렸을 때도 마찬가지다. 따라서 상처 입은 눈 혹은 이의 값은 '자유'인 것이다. 노예 신분인 종의 신체적 완전성보다도 더 높은 대가를 지불하도록 요구하는 셈이다. 종들이 도주했을 때에도 정확히 같은 방식으로 처리된다. 따라서 동태 복수법은 어떤 야만적인 법과는 거리가 있으며, 오히려 그와 반대로 이 법은 정의의 실행에 있어 한 발 더 앞선 모습을 보여 준다고 말할 수 있다.

그렇다면 신약 성경에서는 어떠한가? 신약은 여기에서 더 나아가 제자들의 공동체를 향해 처벌의 등가 원칙을 넘어서도록 초대한다. 진정한 공동체적 삶을 위해서는 한편으로는 형평의 규칙을 준수해야만 하지만, 다른 한편으로는 관대함을 베풀 줄 아는 것도 중요한 것이다. 따라서 자발적인 사랑을 바탕으로 한 법 제도로 기존의 법적 체계를 완전히 대체하는 것이 아니라, 상황에 따라 새로이 제기되는 것을 통해 기존의 제도를 보완하는 것이다. 우리는 최초의 그리스도교 공동체가 유다 민족과 로마 제국 내에서 극소수였다는 사실을 잊지 말아야 한다. 그리스도인들은 변화된 상황에 맞게 이 법을 더욱 완성시킬 필요가 있었다.

구약 성경의 법의 본질

이미 살펴보았듯이 오늘날의 독자들은 자연스럽게 구약 성경의 법이 문자 그대로 적용되었을 것으로 이해한다. 따라서 '눈에는 눈'이라는 말은 말 그대로 이 법에 저촉되는 이의 눈에 해를 입힐 것을 의미하는 것처럼 보였다. 하지만 실상은 그렇지 않다. 그렇다면 '계약 법전'(탈출 21-23장 참조)이라 불리는 법들의 경우는 어떤가? 이 질문은 학자들 사이에 많은 논쟁이 이루어졌다. 이와 관련하여 몇몇 결론에 도달할 수 있다.

첫째, 오늘날의 '법전' 개념이 비교적 가까운 시대의 것임을 상기해야 한다. 오늘날의 법전이라는 개념의 시초는 현대와 더 가까운 시기인 나폴레옹 법전(1804년 공포)으로 거슬러 올라가기 때문이다. 더 나아가 재판관이 법 집행을 할 때 기록된 법전의 내용을 인용하고 적용하는 것은 고대 이스라엘 사람들에게는 낯선 개념이었다. 예를 들어 보자. 영국에는 법 집행이 색다르게 이루어진다. 그곳에는 민법이나 형법과 같은 '법전'이 존재하지 않는다. 대신 판례법이 원칙이다. 재판관들은 이전에 판결한 이들 혹은 그들의 동료들과 동일 관점에서 선포된 판결에 일치한 판결을 내놓는다. 이 경우 기초가 되는 법은 '공법', 즉 관습법이다. 그렇다면 성경적 세계에서 법은 어떻게 기능하는가?

성경에서의 법전은 미완으로 남아 있고 또 체계화되지도 않았다. 예를 들어 법전으로 분류된 본문에서는 그 어디서도 혼인법과 같은 법을 찾아볼 수 없다. 상법은 물론, 가정에 관련된 법은 거의 없다시피 하다. 더 나아가 재판관들이 선포한 판결이나 그 과정이 기록된 법전과 일치를 이루려는 경우가 드물다는 사실도 주목할 필요가 있다. 이와 관련하여 찾을 수 있는 유일한 예는 에즈라기와 느헤미야기에서 발견할 수 있는 다음의 형식, 곧 "모세의 율법에 쓰인

대로"(에즈 3,2; 느헤 8,14; 13,1 참조)라는 표현뿐이다. 게다가 이 구체적인 사례에서조차 법과 판결의 일치 여부는 완전하지 않다. 이 법에 관련된 구절은 그대로 적용되었다기보다는 인용되었다고 보아야 하며, 그 상황에 따라 해석되었다고 보는 것이 맞다.

따라서 구약에서 찾을 수 있는 법 규정 모음집, 그중 특히 계약 법전(탈출 21-23장 참조)의 역할을 재고할 필요가 있다. 이 법전의 첫 목표는 신학적 질서의 정립이라고 볼 수 있다. 우리는 이미 탈출기가 이스라엘 백성이 땅을 차지하고 왕국을 세우기 훨씬 이전의 이스라엘 백성의 탄생을 묘사함을 살펴보았다. 이것은 그들이 진정한 '나라', 하나의 '거룩한 나라'로 변모하는 것을 의미하며, 하느님께서 다음과 같이 공언하시는 바이기도 하다. "그리고 너희는 나에게 사제들의 나라가 되고 거룩한 민족이 될 것이다."(탈출 19,6)

진정한 나라는 다른 나라의 법이 아닌 자신들 고유의 법을 따르며 살아간다. 따라서 고유한 법과 그 체제를 반드시 갖고 있어야 한다. 이러한 맥락에서 '계약 법전'의 존재 자체는 한 가지 중요한 것을 이야기한다. 바로 이스라엘이 진정한 나라며, 그들의 법이 그들이 광야에서 정착했을 때의 시나이 현현으로 거슬러 올라가기에 그들은 이미 태초부터 진정한 나라였다는 것이다.

결국 이 모든 것은 오래전부터 고유한 법을 소유하고 있다는 사실 자체가 고대 이스라엘의 하나의 유산이었음을 말하기 위함이다. 이스라엘 백성은 다음의 신명기 구절에서 언급하듯이 자신들에게,

또 다른 나라에 이를 증명할 필요가 있었다. "또한 내가 오늘 너희 앞에 내놓는 이 모든 율법처럼 올바른 규정과 법규들을 가진 위대한 민족이 또 어디에 있느냐?"(신명 4,8) 이스라엘 백성은 다른 민족들이 자신들의 정복 행적과 예술, 문화에 자부심을 느끼듯이 오랜 역사가 서린 법에 자부심을 가진다. 이 때문에 그들은 자신들이 겪은 역사의 비극에서 살아남았고, 그토록 자신들의 법에 충실하고자 했던 것이다.

구약 성경의 법의 본질을 보여 주는 예시

그러나 이 모든 것은 여전히 법의 본질을 충분히 설명하지 못한다. 한 가지 예가 이 문제를 파악하는 데 도움을 줄 것이다. 다음은 계약 법전의 전형적인 법 중 하나다.

> "너희가 이웃의 겉옷을 담보로 잡았으면, 해가 지기 전에 돌려주어야 한다. 그가 덮을 것이라고는 그것뿐이고, 몸을 가릴 것이라고는 그 겉옷뿐인데, 무엇을 덮고 자겠느냐? 그가 나에게 부르짖으면 나는 들어 줄 것이다. 나는 자비하다."(탈출 22,25-26)

이 법의 특징을 살펴보자. 먼저 이 법은 2인칭 대상을 상대로 선포된다. 동서고금의 거의 모든 법은 보통 3인칭의 관점으로 서술되어 있다.[17] 2인칭의 사용은 누군가에게 권고를 하거나, 훈계조로 구성된 지혜 문학에서 발견할 수 있다. 따라서 이 부분은 심판의 영역이 아닌 교육적 영역에 속해 있다.

위의 본문에서 제시된 경우는 간단히 풀이할 수 있다. 한 채권자가 채무자에게 빚 상환을 기다리는 동안 그의 이불을 담보로 잡는다. 이 경우 법은 밤 동안은 이불을 그에게 돌려주라고 명한다. 그 이불이 채무자가 가진 유일한 덮을 것이기 때문이다. 따라서 이 법은 채권자에게 인간적 처사를 할 것을 권한다. 다른 말로 하면 자신의 권리에만 집착한 나머지 가혹하고 무자비하게 그를 대하지 말라는 뜻이다. 이것은 중요한 핵심으로, 구약 성경의 법이 인간적 심성으로 가득 차 있다는 점을 드러낸다.

또 다른 측면으로는, 이 법이 처벌 혹은 그 집행의 절차를 언급하지 않는다는 점을 확인할 수 있다. 채권자가 채무자에게 이불을 돌려주는지 누가 확인할 것인가? 채권자가 이 법을 지키지 않으면 누가 그를 기소하고 심판할 것인가? 이 사항을 위반했을 때 예상되는 처벌은 무엇인가? 이 질문 중 어떤 것도 법전에 서술되어 있지 않다. 반대로 이 법은 채권자의 양심에 호소한다. "그대에게 빚을

17 많은 경우 구약 성경의 법전이 '너', '너희'를 대상으로 하는 2인칭 문장으로 구성된 데 비해, 현대의 법전은 '절도한 자, 상해를 입힌 자' 등 제3자를 지칭하는 3인칭 표현으로 구성된다.

진 이가, 자기를 감쌀 그 이불이 없다면 무슨 수로 온전히 이 추운 밤을 보낼 수 있겠는가?" 더 나아가 이 법은 다음과 같은 하느님의 인격적인 말씀을 부여하며 신학적인 주제를 던진다. "그가 나에게 부르짖으면 나는 들어 줄 것이다. 나는 자비하다."(탈출 22,26) 이 법의 제정자는 바로 하느님이시다. 이 법의 고발도 하느님께 올라갈 것이고, 집행 또한 하느님에게서 오는 것이다. 즉 이 법은 채권자를 양심의 법정 앞에 세우고, 또 하느님 앞에 서게 한다.

마지막으로 이 법은 당시 사회에서 자주 발생했던 사례를 나타낸다. 기원전 610년경으로 거슬러 올라가면 '오스트라콘'(고대 이집트, 그리스, 히브리인들이 글씨를 쓴 도기 파편이나 석회암 조각)에 한 농부가 집정관에게 올린 고발을 볼 수 있다. 여기에 나온 내용에 따르면 농부는 한 농장주에게 정당한 이유 없이 몰수된 것으로 보이는 옷을 반환하기를 요청한다. 이처럼 당시의 여러 법전이 취약한 사회 계층의 문제를 주의 깊게 살핀다는 것은 흥미로운데, 여기서 두 가지 중요한 사실을 발견할 수 있다.

첫째, 엄밀히 말하면 이 법은 현대 사회적 관점에서는 형식적으로 충분하지 않다. 이 법의 집행에 관한 내용 대부분이 명확히 드러나지 않기 때문이다. 다른 경우와 마찬가지로, 이 경우에는 여러 문제, 예를 들어 누가 채권자에게 채무자의 옷을 보전할 수 있도록 개입할지를 알기 위해, 기록된 법이 아닌 다른 것들을 참고해야 할 필요가 생긴다. 바로 이 지점에 '관습', '관례', '관습법', 곧 세대에 걸쳐 구전으로 전승되는 전통적인 법이 개입되는 것이다.

둘째, 이 법이 지닌 권면 어조와 처벌과 관련하여 하느님께 의지하는 것은 오늘날 우리의 법정 문화와 다른 세계로 인도한다. 여기에서는 강제하기보다는 설득하고, 처벌하기보다는 독려한다. 이 법문의 첫째 목적은, 모든 백성에게 사회적 삶의 근본적 가치를 가르치며 정의와 결속을 배우게 하는 것이다. 여기서 현대 사회의 법원보다 지혜의 세계에 더 가까운 특성을 본다. 예를 들어 앞서 언급한 탈출기 22장 25~26절의 반향을 일으키는 "너희는 재판할 때 가난한 이의 권리를 왜곡해서는 안 된다."(탈출 23,6)라는 격언과 더불어 다음의 구절들을 살펴볼 수 있다.

> 빈곤한 이를 강탈하지 마라. 그가 빈곤하지 않으냐?
> 성문에서 가난한 이를 억누르지 마라.
> 주님께서 그들의 송사를 떠맡으시고
> 그 약탈자들의 목숨을 약탈하신다.(잠언 22,22-23)

집회서에서는 이와 같은 내용에 더욱 강한 어조로 이야기한다.

> 얘야, 가난한 이의 살길을 막지 말고
> 궁핍한 눈들을 기다리게 하지 마라.
> 배고픈 사람을 서럽게 하지 말고

곤경에 빠진 사람을 화나게 하지 마라.
화난 마음을 더 이상 괴롭히지 말고
없는 이에게 베푸는 일을 미루지 마라.
재난을 당하여 호소하는 이를 물리치지 말고
가난한 이에게서 네 얼굴을 돌리지 마라.
애걸하는 이에게서 눈을 돌리지 말고
그에게 너를 저주할 빌미를 주지 마라.
그가 비참한 삶 속에서 너를 저주하면
그를 만드신 분께서 그의 호소를 들어 주시리라.(집회 4,1-6)

결국 여기서도 신적인 정의를 갈구하는 호소를 발견할 수 있다. 법과 잠언의 유사성은 이 두 존재가 지닌 배경을 같게 생각하게 한다. 이뿐만 아니라 계약 법전의 법과 잠언 사이의 병행구는 다른 곳에서도 존재한다. 바로 탈출기 21장 15절과 잠언 19장 26절, 탈출기 21장 17절과 잠언 20장 20절이다.

따라서 성경의 법, 특히 탈출기에 나타난 법은 심판보다는 교육에 가까운 것이라 말할 수 있다. 일반적으로 이는 따라야 할 길, 공유해야 할 가치, 마땅히 해야 할 행동을 가리킨다. 그러기에 적어도 에즈라와 느헤미야 시기가 오기 전, 탈출기의 법전에 법 집행에 관한 내용이 없다거나, 여기에서 내려진 판결이 이미 주어진 규범과 일치하지 않는다고 해서 놀랄 필요가 없는 것이다.

물론 이 법은 판례의 세계에 속하고 법의 적용도 고려한다. 사실 성경적 시대상에서 '정의'는 오늘날 우리 시대의 법정과는 전혀 다른 형태로 이루어졌다. 정의는 부족의 족장의 주재로 '성문에서', 곧 한 부족의 집회가 열릴 수 있는 충분한 공간이 있는 한 성읍의 문에서 집행되었다(신명 21,19; 22,15; 룻 4,1.11; 욥 5,4; 31,21; 이사 29,21; 아모 5,12.15 참조).

이것은 관습법이 정의의 구체적인 기반을 형성하고 범죄를 억압하거나 갈등을 해결하는 역할을 했던 작은 공동체의 세계, 즉 공적인 것보다 개별적인 세계를 가리킨다. 계약 법전은 사실 농사와 목축에 관한 문제를 다루지만, 상업은 이 법에서 완전히 배제되어 있다. 더 나아가 재판관의 존재에 대한 그 어떤 암시도 없다. 예외적으로 탈출기 21장 22절은 '재판관'[18]을 이야기하지만, 사실 이에 해당하는 히브리어 단어는 명확히 해석하기 어렵다. 다른 경우 원고는 '하느님의 판결'에 호소하는데, 우리에게는 명시적으로 드러나지 않는 법 집행이다. 그렇지만 당시에는 이것이 어떤 상황인지 잘 알려졌을 것이다(탈출 22,7.8; 21,6 참조).

한편 법치가 공공 법정이 아닌 개별적 자리에서 이루어진다는

18 이 책의 이탈리아어 원본에는 '중재자'로, 우리말 성경에는 '재판관'으로 번역되어 있다.

사실은 잠언의 다른 구절로 확증된다.

> 임금 앞에서 잘난 체하지 말고
> 지체 높은 이들 자리에 서지 마라.
> "이리 올라오게!" 하는 말을 듣는 것이
> 귀족들 앞에서 하대받는 것보다 낫다.
> 네 눈으로 보았다 해서 성급히 법정에 나서지 마라.
> 네 이웃이 너를 부끄럽게 하면 결국 어찌 하려느냐?
> 이웃과 다툴 일이 있으면 다투되 남의 비밀은 들추지 마라.
> 그것을 들은 이가 너를 꾸짖고
> 너를 두고 하는 험담이 그치지 않는다.(잠언 25,6-10)

'이웃과 다툴 일'(잠언 25,9 참조), 이 일련의 경고에 관한 기본적 조언은 다음과 같다. 바로 법정으로 가는 도중에 타협하라는 것이다. 타협은 덜 위험하면서도 가장 간단한 해결책이다. 히브리 문화에 밀접하게 결부된 마태오 복음서에 이와 비슷한 조언이 담겨 있음을 발견할 수 있다.

> "너를 고소한 자와 함께 법정으로 가는 도중에 얼른 타협하여라. 그러지 않으면 고소한 자가 너를 재판관에게 넘기고 재판관은 너를 형리에게 넘겨, 네가 감옥에 갇힐 것이다. 내가 진실로 너에게 말한다. 네가

마지막 한 닢까지 갚기 전에는 결코 거기에서 나오지 못할 것이다."(마태 5,25-26)

"네 형제가 너에게 죄를 짓거든, 가서 단둘이 만나 그를 타일러라. 그가 네 말을 들으면 네가 그 형제를 얻은 것이다. 그러나 그가 네 말을 듣지 않거든 한 사람이나 두 사람을 더 데리고 가거라. '모든 일을 둘이나 세 증인의 말로 확정 지어야 하기' 때문이다. 그가 그들의 말을 들으려고 하지 않거든 교회에 알려라. 교회의 말도 들으려고 하지 않거든 그를 다른 민족 사람이나 세리처럼 여겨라."(마태 18,15-17)

결론적으로, 계약 법전에 담긴 법의 많은 부분이 학대를 억제하고, 농경, 목축 사회 내 갈등을 해결하는 데 목적이 있다고 말할 수 있다. 이 법은 세대에 걸쳐 구전 전승된 이후 법제화되었다. 그리고 왕에게 의존하는 공적 법 집행에 의존하기 전에 현장에서 정의를 집행하려 했던 소규모 집단의 관행을 반영한다. 또한 이 법은 가르침, 모범, 과거에 해결된 구체적 사례, 비슷한 사례의 해결에 유용한 정보를 담고 있다. 따라서 성경의 법이 '법적 언어'가 아니라 '보여 주는 언어'라는 사실은 명백하다. 단순히 법조문을 나열한 것이 아니라, 여러 판례로 도움을 받는 구체적 경우를 보여 주기 때문이다.

제12장

여덟 번째 주제

시나이산과 하느님

시나이산에서 모세에게 나타나신 하느님.

요제프 폰 퓌리히(Joseph von Führich), 1835년.
판넬에 유채, 26 × 32 cm.
빈 미술사 박물관, 빈, 오스트리아.

시나이 현현은 탈출기에서 인상적인 장면 중 하나인 만큼, 수많은 화가, 음악가, 영화인들에게 영감을 불어넣었다. 이 장에서는 탈출기 19장과 20장을 읽기 위한 몇 가지 방향을 이야기하고자 한다. 시나이산에서 이스라엘 백성이 체류하는 이야기는 이미 언급했듯이 민수기까지 이어질 정도로 길다(민수 10,11-13 참조).

시나이산의 하느님

첫 번째 질문은 시나이산의 위치에 관한 것이다. 이 산의 위치에 대해서는 여러 순례자, 대표적으로 로마의 콘스탄티누스 황제 Constantinus(272~337년)와 그의 어머니 헬레나 성녀Helena(250년경~330년)

가 관심을 가졌다. 특히 비잔티움 제국의 유스티니아누스 1세 황제 Justinianus I(482~565년)는 시나이산의 위치를 '제벨 무사'(아랍어로 '모세의 산') 지역으로 보았는데, 이곳은 성녀 가타리나 수도원과 멀지 않다.[19] 하지만 대부분의 주석가, 특히 히브리 주석가들은 신명기에서 호렙으로도 불리는(탈출 3,1; 17,6; 신명 5,2 참조) 이 시나이산의 위치를 명확히 규정하지 않는다. 사실 이러한 경향에는 이 산을 가까이 갈 수 없고 손상될 수도 없는 신비롭고 성스러운 장소가 되게 하려는 의도도 존재할 가능성이 있다. 이러한 원의가 어떻게 드러나는가? 바로 이 신비의 장소에 걸맞은 특정한 전승, 곧 탈출기 이야기를 부여함으로써 이루어진다.

이스라엘 백성에게 시나이산은 그들의 뿌리이자 근본적인 기반이 되는 장소다. 같은 맥락에서 그들이 시나이산 아래에서 보낸 시간은 태초이자 시작점의 시간이다. 이스라엘 백성의 정체성과 존재의 본질이 이때 형성되었기 때문이다. 그러므로 시나이산을 훼손할 수 있는 모든 외세의 침략과 개입에서 그곳을 지켜 내는 것은 중요했다. 시나이산이 구체적인 장소로 드러난다면, 이스라엘에 적대적인 외세는 반드시 이 장소를 훼손할 것이기에, 그곳을 찾을 수 없게 해야 했다. 이 때문에 성경 내 시나이산의 위치가 특정되지 않은 것

19 성녀 가타리나 수도원을 세운 이도 유스티니아누스 1세 황제였다. 이 수도원 근처에는 '모세의 산'이라고 불리는 산이 있는데, 이곳이 시나이산의 실제 장소로 전해진다. 한편 이 수도원에는 신약 성경 전체가 쓰인 중요한 사본이 있는데, 이 사본을 '시나이 사본'이라고 부른다.

이다. 신성한 구름이 이 산을 휘감겼다는 이야기에서 알 수 있듯이, 누군가가 신비로 휩싸인 시나이산, 그리고 이 산과 연관된 전승의 보물을 더는 건드리거나 바꾸는 일은 없어야 했다.

먼저 우리는 시나이산의 이름이 이 산이 위치한 광야의 이름과 연관되어 있음을 알 수 있다. 또한 이스라엘의 하느님이신 주님을 "시나이의 그분"(판관 5,5; 시편 68,9 참조)으로 부르는 성경 말씀에 따라 이 산과 깊이 연관되어 있다고 말할 수 있다.

하느님의 현현과 십계명

두 번째 문제는 탈출기 19장에서 자세하게 서술된 시나이 현현과 탈출기 20장 1~17절의 십계명의 관계다. 많은 이들은 시나이산에서의 신적 현현이 하느님께서 두려움에 사로잡힌 백성들 앞에서 직접 십계명을 선포하실 때 정점을 이룬다고 생각한다. 사실 이 장면을 다른 형태로 상상하기는 힘든데, 이는 신명기에서도 묘사하는 장면이기도 하다. "주님께서는 그 산 위 불 속에서 너희와 얼굴을 마주 보고 말씀하셨다."(신명 5,4; 4,11-13 참조) 하지만 탈출기에서도 이처럼 이야기되는가? 여기에는 몇 가지 의문점이 있다.

첫 번째 난점은 신적 현현에 뒤이은 십계명의 도입부다. 다음은 탈출기 19장의 마지막 부분과 20장의 시작 부분의 원문 그대로의 번역이다.

> 모세는 백성에게 내려가 말하였다. …… 그때 하느님께서 이 모든 말씀을 하셨다.(탈출 19,25; 20,1)

이 본문의 첫 난점은 명백하다. 탈출기 19장 25절에서 한 담화의 도입 부분을 발견하지만, 이 도입부에는 모세의 그 어떤 발언도 뒤따르지 않는다. 반면 여기에서 십계명을 선포하기 위한 말씀을 건네시는 분은 하느님이시다. 따라서 이 본문을 있는 그대로 이해하기는 어려우며, 보통 현대어 번역들은 말줄임표(……)를 두 번 추가한다. "모세는 백성에게 내려가 말하였다. ……" 예를 들어 《예루살렘 성경》에서는 주석을 덧붙인다. "이 문장은 미완이다. 이 이야기는 십계명의 삽입으로 인해 분리되었다."

두 번째 난점은 이야기의 논리와 연관되어 있다. 십계명의 선포 이후, 우리는 이 장엄한 선포에 대한 백성의 반응을 예상한다(신명 5,23-31 참조). 하지만 여기에서 다음과 같은 내용을 보게 된다.

> 온 백성은 **우렛소리**와 **불길**과 **뿔 나팔 소리**와 **연기**에 싸인 산을 보고 있었다. 백성은 그것을 보고 떨면서 멀찍이 서 있었다. 그들이 모세에게 말하였다. "우리에게는 당신이 말해 주십시오. 우리가 듣겠습니다. 하느님께서 직접 우리에게 말씀하시지 않도록 해 주십시오. 그랬

다가는 우리가 죽습니다." 그러자 모세가 백성에게 말하였다. "두려워하지들 마라. 하느님께서는 너희를 시험하시려고, 그리고 너희가 그분을 경외하는 마음을 지녀 죄짓지 않게 하시려고 오신 것이다."(탈출 20,18-20)

백성은 과연 무엇에 반응한 것일까? 이 구절들에서 묘사된 현상이 다음의 탈출기 구절에 나타난 신적 현현의 묘사와 정확히 대응된다는 사실은 분명하다.

셋째 날 아침, **우렛소리**와 함께 **번개**가 치고 짙은 구름이 산을 덮은 가운데 **뿔 나팔 소리**가 크게 울려 퍼지자, 진영에 있던 백성이 모두 떨었다. 하느님을 만날 수 있도록 모세가 백성을 진영에서 데리고 나오자 그들은 산기슭에 섰다. 그때 시나이산은 온통 **연기**가 자욱하였다. 주님께서 불 속에서 그 위로 내려오셨기 때문이다. 마치 가마에서 나오는 것처럼 연기가 솟아오르며 산 전체가 심하게 뒤흔들렸다. 뿔 나팔 소리가 점점 크게 울려 퍼지는 가운데 모세가 말씀을 아뢰자, 하느님께서 우렛소리로 대답하셨다.(탈출 19,16-19)

이스라엘 백성은 '우렛소리', '뿔 나팔 소리' 그리고 '번개'와 '연기'를 감지하지만, 여기에서는 십계명의 말씀을 찾아볼 수 없다. 따라서 더욱 온전한 일관성과 논리를 지닌 본문을 찾기 위해서는 둘

사이의 내용을 생략한 채 탈출기 19장 19절에서 20장 18절로 직접 넘어갈 수 있다. 탈출기 19장 20~25절은 백성이 산에 접근하지 못하도록 막는 일련의 조치를 다루는데, 이는 탈출기 19장 10~13절에서 하느님께서 모세에게 전하신 말씀과 같이 이전에도 주어졌을 법한 것들이다. 따라서 20~25절에서의 지침은 분명 성전 전례의 기능을 위해 후대에 덧붙여졌을 가능성이 있다. 이와 마찬가지로, 신명기의 십계명이 법 제정의 도입부를 구성하듯이(신명 5,1-22 참조) 탈출기의 십계명도 시나이에서의 법 제정을 도입하기 위해 탈출기 20장 1~17절에 위치하게 되었을 것이다.

따라서 탈출기의 시나이 현현 부분에 십계명이 도입된 이유는 아마도 신명기와 관련이 깊을 것이다. 하나의 두꺼운 책이 아닌, 우리가 아는 '도서관'과 같은 여러 책들이 모인 하나의 책을 형성하다 보니, 성경 본문을 필사하고 편집한 당시 필사가들은 탈출기의 서술을 신명기에서 전하는 것과 일치시키려는 경향이 있었기 때문이다. 호기심 많은 독자는 신명기가 하느님께서 십계명을 선포하시는 호렙에서의 신적 현현을 묘사하는 반면, 탈출기에는 이에 대한 언급을 찾기 힘들다는 사실에 놀랄 수 있다. 사실 신명기에서의 모세는 사십 년 동안의 광야 여정에서 일어난 일을 정확히 전달한다고 추정할 수 있다. 이러한 연유에서 탈출기 이야기는 신명기의 관점에서 출발하여 완성된 것으로 보인다. 이와 같은 경향은 사마리아 오경에서 더욱 강조되는데, 예를 들어 사마리아 오경의 탈출기

20장에는 신명기 5장 24~31절과 18장 18~22절 부분(모세와 같은 어떤 예언자의 선포)이 추가된다. 비슷한 현상이 쿰란의 탈출기 두루마리의 조각에서도 발견된다.

탈출기 18장의 경우, 24절 이후 부분에 해당하는 사마리아 오경을 살펴보면, 신명기 1장 9~18절의 많은 부분을 삽입한다. 이 두 본문이 모세의 직무를 돕기 위한 재판관들을 임명하는 이야기를 다루기 때문이다. 따라서 십계명이 중간에 들어간 것은 우리가 사용하는 마소라 본문에서만 유일하게 일어나는 현상은 아니다. 쿰란 혹은 사마리아 오경에 나타나는 병행 본문 부분의 성경 전승에서도 마찬가지이기 때문이다.

흥미로운 점은, 탈출기 20장 1~17절의 십계명이 신명기 5장 6~21절에서 언급된 십계명의 이른바 '복제본'이 아니라는 사실이다. 고대 세계에서, 한 작품을 필사한다는 것은 오늘날 우리가 생각하듯이 글자 그대로 옮기는 것을 의미하지 않았다. 필사가들은 종종 일정한 특징을 이룰 변화를 만들 기회를 적극적으로 활용했다. 십계명의 경우 가장 눈에 띄는 변화는 안식일 명령에 관한 것이다. 신명기를 보면 십계명의 정당성은 탈출기에 나타난 노예살이에서 해방됨에서 부여된다. 이집트에서 나오면서 주어진 해방의 상징은 모든 이스라엘 백성이 일주일 중 하루의 안식일을 가질 권리가 있다는 사실에서 알 수 있다(신명 5,12-15 참조).

반면 탈출기에 언급된 십계명의 경우, 안식일은 창조의 일곱 번째 날이자 하느님 당신께서 이 날의 정당성을 세우기 위해 쉬시는 날이다. 여기에서의 정당성은 더는 이스라엘 역사에서 유래되지 않고, 세상 자체의 질서로 세워지는데(탈출 20,8-11 참조), 이것은 후대 필사가의 개입을 나타내는 또 다른 단서가 될 수 있다. 안식일과 이집트 노예 상태에서의 해방의 관계는 직접적이며 문맥 안에 잘 자리 잡았다. 반면 안식일과 창조와의 관계는 조금 다르다. 이 관계가 잘 알려져 있긴 하지만, 탈출기와 창세기의 도입부가 상대적으로 멀리 있음에도 이를 연결 짓기 때문이다. 이는 성경 전승에 대한 깊은 지식을 전제로 하기에 바로 알기 힘들며, 종종 더 후대에 일어난 편집임을 드러내기도 한다. 또한, 후대의 영향을 받은 본문은 안식일과 같은 특정한 법 제정에 중요성을 더 많이 부여하는 경향도 존재한다. 안식일을 창조 자체와 연결 짓는 것도 이 경향에 부합한다.

결국 시나이 현현 이야기는 여러 차례 필사가들의 손을 거친 것으로 보인다. 이 본문은 이스라엘의 모든 근본적 법 제정을 하느님 당신의 권위로 인준하는 신적 현현을 담는다. 앞서 이야기했듯이 십계명은 본래 이 현현 부분에 속해 있다기보다는, 시나이에서의 법 제정을 도입하기 위해 후대의 편집이 이루어진 것으로 보인다. 우리가 지금까지 살펴본 것들은 이러한 가설을 수긍할 수 있게 한다.

하느님을 드러내는 이미지들

그렇다면 시나이 현현이 묘사하는 것은 무엇일까? 가장 널리 통용되는 설명은 두 가지다. 화산 분출 혹은 폭풍을 다루거나, 이 두 현상의 복합적 결과물이라는 것이다. 이 해석의 문제는 이 장들이 다양한 손을 거쳐 탄생한 결과물로 보인다는 점에서 그리 간단한 문제는 아닌 듯하다. 그러나 묘사가 통일되어 있고 산의 폭풍에 대한 묘사를 인상적으로 하고 있다고 생각하는 것은 무리가 아니다. 천둥, 번개, 뭉게구름은 이러한 현상의 전형적 요소다. 사실 이를 화산 분출로 생각하게 만드는 유일한 요소는 지진이다(탈출 19,18 참조). 하지만 산에서는 뇌우도 땅을 흔들 수 있다. 결정적으로 드러나는 마지막 요소는 불꽃으로, 분화구에서 솟아오르는 화산 분출에서 나타난다. 탈출기 19장 18절에서 하느님께서는 불 속에서 그 위로 내려오신다고 나와 있는데, 이는 구름에서 내려와 산을 치는 뇌우의 불로 보는 것을 선호하고 있음을 뜻한다.

고대 근동에서처럼 성경 내 뇌우의 묘사는 하느님의 모습이 드러나는 것과 연관된다. 이와 관련된 구절을 시편 등에서 찾아볼 수 있다(시편 18,8-15; 29,3-4; 68,8-9; 77,18-19; 97,3-5; 판관 5,4-5; 하바 3,3-15 참조). 몇몇 경우에 이러한 기상 현상은 두려움을 주기에 충분할 정도로 인상적이고, 때로는 공포심을 자아내기도 한다(탈출 20,18 참조).

이 모든 경우에, 살펴볼 만한 가치가 있는 지점이 있다. 시나이 현현 묘사에서 다른 단어들보다도 더 많이, 곧 다섯 번이나 사용된 '목소리' 혹은 '소리'라는 용어다. '목소리' 또는 '소리'는 탈출기 19장 16절에서 2번, 19장 19절에서 2번, 20장 18절에서 2번 사용된다. 다음과 같은 구절에서도 이 표현이 드러난다. "뿔 나팔 소리가 점점 크게 울려 퍼지는 가운데 모세가 말씀을 아뢰자, 하느님께서 우렛소리로 대답하셨다."(탈출 19,19)

이 '(목)소리'는 대화에서 드러나는 목소리에 대응하는 것이다. 시나이의 하느님께서는 우가릿의 바알처럼 뇌우의 신으로만 존재하실 수 없다. 그분께서는 이를 뛰어넘어 당신의 의지를 전달하신다. 하느님께서는 목소리를 건네시는 분으로서, 모세에게 직접 말을 건네시고, 당신 백성과도 소통하신다(탈출 20,1 참조). 따라서 우리는 자연적 세계에서 전례적 세계로, 어떤 힘을 보여 주는 것에서 의지를 드러내는 모습으로 옮겨 간다. 이 신적 현현의 '소리'(탈출 19,16 참조)에서 십계명의 '말씀'(탈출 20,1 참조)으로 쉽게 이동할 수 있는 것이다.

결론적으로 시나이 현현은 '목소리'로서 당신의 의지를 이스라엘 백성에게 전달하시는 하느님이라는 관점을 도입하기 위해, 기후적 현상 안에서 신성을 드러내는 성경적 · 고대 근동적 신적 이미지를 사용하고 있다고 할 수 있다.

정의와 공정은 하느님 어좌의 바탕

하지만 왜 이스라엘의 모든 법률 앞에 십계명이 그 첫 자리에 있을까? 이스라엘의 정체성의 초석을 다지는 요소는 무엇일까? 어찌 히 우리 문명의 법적 세계와 전례 생활에 지대한 영향을 미치는 이 본문에 관한 연구를 단 몇 줄의 문장으로 수행할 수 있을지는 확실하지 않다. 여기서는 크게 네 가지 요점을 강조하고자 한다.

첫째, 십계명은 하느님에게서 이스라엘 백성에게 직접 전달되었다는 것이다. 여기에서는 중개자도, 모세조차도 드러나지 않는다(후대에 첨가된 것으로 보이는 신명기 5장 5절은 제외). 고대 근동에서 법은 분명 신적 존재에게서 주권자에게 부여된 것이었고 주권자의 권력을 합법화하는 근거가 됐다. 하지만 이스라엘에서는 그렇지 않았다. 법의 대부분은 하느님에게서 모세에게 전해지고, 모세는 차례로 이 법을 백성에게 전달했기 때문이었다. 그뿐만 아니라 이 법의 근간도 모세를 통해 전달되었다.

이 사실은 무엇을 의미할까? 바로 고대 근동 제도 사회의 근간이 되는 세속 '왕국'의 권력이 이스라엘에서는 중심이 될 수 없음을 보여 준다. 이스라엘 백성의 존재와 그들의 법적 체계는 세속적 제도 사회에 의존하지 않는다. 다른 왕국의 경우 메소포타미아의 함무라비 법전과 같이 왕에 의해 공포된 법전들이 있다. 하지만 성경에는 '다윗의 법전'이나 '솔로몬의 법전'과 같은 것이 없다. 대신 다윗과

솔로몬보다 훨씬 오래된 '모세의 법'이 있을 뿐이다. 이것이 이야기하고자 하는 바는, 어느 한 왕국의 역사보다 훨씬 오래된 이스라엘의 법이 왕국의 종말 이후에도 살아남을 수 있다는 것이다. 이것은 인간의 제도보다 훨씬 견고한 기초를 지니기에 살아남을 수 있다. 이 법은 다름 아닌 하느님에게서 선포된 것이기 때문이다.

둘째, 십계명과 이스라엘의 모든 법은 이집트의 노예 상태에서 해방됨을 의미하는 이집트 탈출이라는 근본적 사건을 상기시키는 말씀으로 시작한다는 사실이다. "나는 너를 이집트 땅, 종살이하던 집에서 이끌어 낸 주 너의 하느님이다."(탈출 20,2) 이스라엘 백성에 대한 하느님의 권위는 이스라엘 존재의 초석이 되는 이 구원적 업적에서 유래한다. 이집트 탈출과 자유의 체험은 모든 법의 조항을 우선하며, 법의 요구 사항의 기초가 된다.

셋째, 십계명은 이스라엘 백성의 존재와 생존의 의미를 형성한다. 즉 십계명의 존재가 왕국과 성전의 제례에 의존하지 않으며, 다른 나라의 세속 권력의 계약에 존속된다거나, 그 군대의 힘을 입어 존속할 일은 절대 없다는 사실을 이야기한다. 다시 한번 강조하지만, 이스라엘의 존재는 인간적 근원이 아닌 신적 근원에 기초한 법에 달려 있다. 이러한 이유로 하느님의 요구는 사회적 법령보다 우선시된다. 이스라엘의 법을 보증하시는 분은 바로 하느님이시다.

마지막으로 십계명에 나타난 인권적 가치를 살펴보자. 앞서 언급했듯이, 이스라엘의 법은 하느님을 첫 자리에 둔다. 이 사실은 이스라엘의 법이 절대적인 존재에 기초하며, 아바타와 같은 상대적인 존재에 의존하지 않음을 의미한다. 십계명으로 옹호되는 여타의 가치들도 이 절대성에 기초한다. 자유의 상징인 안식일 법은 성별이나 사회적 위치에 따라 달리 적용되지 않는다. 부모를 공경하는 것, 개인의 자유, 생명이나 혼인의 신성함도 인격의 존엄과 이에 마땅히 주어져야 할 삶의 조건에 관한 것들이다.

많은 경우 "도둑질해서는 안 된다."(탈출 20,15)로 번역되는 계명은, 프랑스 공동 번역 성경 《TOB》에서처럼 "사람을 억류하지 말라."라고 더 정확하게 번역되기도 한다. 이것은 요셉의 형제들처럼 누군가를 종으로 파는 형태로 그를 소유하지 말라는 이야기다(창세 37장 참조). "이웃에게 불리한 거짓 증언을 해서는 안 된다."(탈출 20,16)라는 말씀은 '위증으로 너의 이웃에게 손해를 입히려 하지 말라', 혹은 나봇의 포도밭 이야기에서처럼(1열왕 21장 참조) '네 이웃을 거슬러 거짓 증언을 함으로써 그를 제거하려 하지 말라.'라는 의미다.

마지막 계명도 살펴보자. "이웃의 집을 탐내서는 안 된다. 이웃의 아내나 남종이나 여종, 소나 나귀 할 것 없이 이웃의 소유는 무엇이든 탐내서는 안 된다."(탈출 20,17)라는 말씀은 존엄하고도 품위 있는 인간이라는 존재에 필수적인 것들을 담는다. 이것들은 각각 다른 가치와 중요성을 지니는데, 아내, 남종, 여종, 소와 나귀, 그리고 소유물들을 가리킨다. 분명 이 본문은 종들의 입장이 아닌 소유주의 시각에서 쓰인 것이다. 주인의 소나 나귀를 훔치는 것은 그들을 불행하게 만들 수 있기 때문이다. 한편 모세와 사무엘은 그들의 이웃의 나귀를 빼앗지 않았는데(민수 16,15; 1사무 12,3 참조), 이 내용은 지도층도 이렇게 행동하고자 하는 유혹을 받을 수 있었음을 드러낸다. 탈출기 21장 37절에 따르면 어떤 이가 소를 훔쳐 잡거나 팔았을 때, 이 범죄에 대한 배상으로 이를 다섯 마리로 갚아야 한다고 나와 있다. 이러한 법의 처사는 이 범죄가 중대함을 나타낸다.

결국 시나이 현현은 이스라엘 백성의 존재를 이루는 기초라고 결론을 맺을 수 있다. 이 기초는 하느님에게서 주어진 법과 정의다. 상대적 세계가 아닌 절대적 세계에 그 기초가 있는 것이다. 하느님의 선포의 틀이 되는 시나이 현현은 전통적인 방식과 마찬가지로 하느님께서 당신의 '말씀'과 '의지'를 백성에게 선포하심을 생생히 드러내며, 하느님의 목소리를 듣게 하는 우렛소리를 통해 이를 묘사한다.

제13장

아홉 번째 주제

하느님과 맺은 계약

하느님께 희생 제물을 바치는 사제와 이스라엘 백성.

페테르 파울 루벤스(Studio of Sir Peter Paul Rubens), 1640년경.
판넬에 유채, 43.5 × 60.6 cm.
개인 소장.

탈출기에서 만날 수 있는 중요한 주제가 바로 '계약'이다. 여기서는 탈출기 24장 1~11절에서 발견할 수 있는 몇 가지 주제를 이야기하고자 한다. 사실 이 부분은 두 가지 이야기가 접목되어 있다. 첫째로 탈출기 24장 1~2절과 9~11절은 선별된 공동체가 시나이산에 올라가 산의 높은 곳에서 나타나신 하느님과 함께 식사를 나누는 모습을 묘사한다. 두 번째 이야기인 탈출기 24장 3~8절은 첫 번째 이야기와 교차하여 있는데, 모세가 하느님의 모든 말씀, 그분의 법이 등록된 하나의 책, 곧 두루마리에 기초하여 하느님과 당신 백성 사이의 계약을 거행하는 장면을 묘사한다.

하느님의 식탁에 앉은 이들

탈출기 24장 1~2절과 9~11절의 이야기는 선별된 이들이 참여하는 식사 자리로 마무리된다. 선별된 이들은 모세, 그의 형이자 사제인 아론, 아론의 아들인 나답과 아비후, 그리고 일흔 원로다. 이 식사는 하느님 앞에서 이루어지는데, 여기에서 그들은 전혀 위험을 느끼지 않는다.

> 그들은 그곳에서 이스라엘의 하느님을 뵈었다. 그분의 발밑에는 청옥으로 된 바닥 같은 것이 있었는데, 맑기가 꼭 하늘 같았다. 주님께서는 이스라엘 자손들의 수령들에게 손을 대지 않으셨으므로, 그들은 하느님을 뵙고서 먹고 마셨다.(탈출 24,10-11)

이 축약된 이야기를 이해하기는 쉽지 않다. 다만 가장 설득력 있는 해석은 이 장면을 고대 이스라엘의 두 근본적인 계층에 권한이 부여되는 장면으로 보는 것이다. 이 두 계층은 아론의 사제단과 이른바 '원로들'을 가리킨다. 본문에 등장하는 이 두 계층은 모세 시기까지 거슬러 올라가며, 그들의 합법성은 하느님의 현현과 그분의 현존과 함께한 식사로 확증된다. 실제로 이 두 계층은 이스라엘 역사에서도 근본을 이루는데, 특히 북이스라엘 왕국의 종말 이후에는 더욱 그러했다. 이 두 계층은 왕국의 종말 이후에도 살아남는다. 법이 살아남았듯이 말이다. 이 계층들은 시나이산과 광야 그리고 이스라엘 백성의 기원까지 거슬러 올라가는 더 오래된 존재이기 때문이다.

여기서 '하느님을 뵙는 것'은, '왕을 본다는 것'이 왕의 신하 또는 왕의 측근에 속한다는 의미이듯이 천상 궁정의 일원이 된다는 것을 의미한다. 반대로 '임금의 얼굴을 볼 수 없음'은 그 성은에서 배제됨을 의미한다. 모세가 파라오에게서 쫓겨난 상황을 그 예로 들 수 있다. "파라오가 모세에게 말하였다. '나에게서 썩 물러가라. 다시는 내 얼굴을 보지 않도록 조심하여라. 네가 내 얼굴을 보는 날 너는 죽을 것이다.' 모세가 대답하였다. '말씀하신 대로, 저도 임금님의 얼굴을 다시는 보지 않겠습니다.'"(탈출 10,28-29) 또한 다윗의 아들인 압살롬이 불행에 떨어질 때를 예로 들 수 있다. "(그의 아버지인 다윗) 임금의 얼굴은 (더는) 보지 못하였다."(2사무 14,24.28.32 참조)

이러한 이미지는 신적 세계로 옮겨 간다. 진정한 예언자는 '하느님을 뵙는 사람'이고, 이를 통해 하느님께서는 당신의 현존 안에서 예언자에게 신적 조언을 건네신다. 이사야 예언자가 "높이 솟아오른 어좌에 앉아 계시는 주님"(이사 6,1 참조)을 뵈었다고 이야기했던 경우가 그렇다. 임라의 아들 미카야[20] 역시 아합과 요사팟 임금 앞에서 다음과 같이 확언했다. "그러므로 주님의 말씀을 들으십시오.

20 미카 예언서에 이름이 언급된 '미카'와는 다른 예언자다.

내가 보니, 주님께서 어좌에 앉으시고 하늘의 온 군대가 그분 오른쪽과 왼쪽에 서 있었습니다."(1열왕 22,19) 더 나아가 엘리야 예언자는 자신을 '주님 앞에 있었던' 이로 정의한다(1열왕 17,1; 18,15 참조; 엘리사 예언자에 관해서는 2열왕 3,14; 5,16 참조). 마지막으로 예레미야 예언자는 어전 회의에 참여하지 않고 이야기하는 거짓 예언자들을 비난한다(예레 23,18.22 참조).

신약 성경에서 바오로 사도는 부활하신 그리스도께서 당신을 드러내신 이들이 부활을 증언하는 이들이라고 말한다(1코린 15,3-8 참조). 그분을 '뵌' 이들은 합법적인 증인들이다. 따라서 '보는 것'은 확실한 증인이 되는 데 필요하다. 이것이 바로 시나이산에서 일어난 일이다. 아론의 자손인 사제들, 그리고 원로들은 하느님을 '뵈었다는 사실'로 인해 백성들 안에서 행하는 그 직무가 정당화된다.

만찬도 마찬가지다. 임금의 식탁에서 음식을 나누는 것은 임금의 가족이나 그와 밀접한 관련을 맺는 집단의 일부가 됨을 의미한다. 그에 따라 왕의 권력 행사에 참여하거나 그 특권을 누릴 수도 있는 것이다. 예를 들어 사울 임금과 함께 같은 식탁에서 먹을 수 있었던 다윗(1사무 20,29 참조), 다윗 임금에게 보호를 받는 사울의 아들 므피보셋(2사무 9,13; 19,29 참조), 다윗 임금의 열렬한 지지자인 바르질라이의 아들들(1열왕 2,7 참조), 솔로몬 임금의 지방관들(1열왕 5,7 참조)이 그랬다. 기원전 597년 예루살렘의 함락 이후 바빌론으로 유배를 가게 된 남유다 왕국의 임금 여호야킨은 바빌론 임금의 식탁에 앉게 되었을 때, 자신의 운명이 바뀜을 보게 된다. "(바빌론 임금 에윌 므로닥의 명으로) 그 뒤에 여호야킨은 죄수복을 벗고, 살아 있는 동안 내내 바빌론 임금 앞에서 늘 음식을 먹게 되었다."(2열왕 25,29; 예레 52,33)

탈출기 24장 10~11절에서 언급하듯이, 하느님께서는 종종 특권 받은 이들을 자신 곁에서 함께 식사를 나누도록 허락하는 임금과 같은 모습으로 나타나신다. 신약 성경에서도, 특히 복음의 확실하고도 정당한 증인들은 "죽은 이들 가운데에서 다시 살아나신 뒤에 그분과 함께 먹기도 하고 마시기도 한" 제자들이다(사도 10,41 참조).

그러므로 탈출기 24장 1~2절과 9~11절의 짧은 이야기는 위임 장면, 곧 이스라엘의 특정 대표자들이 이스라엘의 유일하고 진정한 권위이신 주님 앞에 설 수 있도록 허용된 엄숙한 장면을 보여 주는 것이다. 이러한 방식에 따라 이들에게 합법적으로 그 권위가 위임된다. 이는 신약 성경에서도 발견되는 공동체, 곧 아론의 후손들인 사제와 원로들로 구성된 산헤드린(마태 21,23; 26,3.47; 27,1.12.20; 사도 4,23; 23,14; 25,15 참조)에 해당한다. 산헤드린은 당시 유다교의 첫째가는 권위를 구성하며, 이러한 권위는 시나이 광야에서의 이스라엘 민족의 형성 시기로 거슬러 올라간다.

말씀의 예식과 계약

탈출기 24장의 중심부를 구성하는 두 번째 이야기(탈출 24,3-8 참조)는 일부 특권을 받은 이들뿐만이 아닌 전체 백성을 암시하기에 성격이 다르다. 이 '계약의 예식'은 두 부분으로 나눌 수 있다. 첫 번째 단계는 '말씀의 예식'이라는 제목을 붙일 수 있는데, 하느님에게서 온 말씀의 선포에서 시작하여 그것이 기록으로 쓰이고 읽히며 이에 대한 청자의 응답으로 구성된 모든 단계를 나타내기 때문이다. 모세는 산에서 내려와 그가 들은 하느님의 말씀을 백성에게 성실히 전한다. 그리고 이스라엘 백성은 이 첫 선포에 응답하고 그 "말씀"(탈출 24,3)에 순종하겠다고 약속한다. 이에 모세는 이 "말씀"을 기록한다.

이후 두 번째 예식 부분인 '혈제'가 뒤따른다. 다음 날 아침, 모세는 이스라엘의 열두 지파를 상기시키는 열두 비석으로 둘러싸인 제단을 세운다. 이어서 몇몇 젊은이들이 소를 잡아 그 피를 모은다. 그 피의 일부는 하느님을 나타내는 요소인 제단(탈출 24,5-6 참조) 위에 뿌려진다. 뒤이어 모세는 주님의 모든 '말씀'을 보증하는 계약의 책을 읽는다. 이스라엘 백성은 이 모든 말씀을 듣고 실행에 옮기겠다고 다시금 약속한다(탈출 24,7 참조). 이 두 번째 약속은 중요하다. 주님의 말씀을 전한 모세의 말을 들은 이스라엘 백성이 계약의 책에도 같은 말씀이 있다는 사실을 확증하기 때문이다. 따라서 하느님께서 모세에게 전하신 말씀과 모세가 백성에게 전달한 말씀, 그리고 계약의 책에 기록된 말씀 사이의 일치가 이루어진다. 다른 말로, '주님의 말씀'은 모세가 직접 쓴 계약의 책 안에서 찾을 수 있다. 이 이유에서, 이스라엘 백성은 이렇게 선언한다. "우리가 듣겠습니다." 이 선언은 계약의 책이 읽힐 때마다, 여기에 기록된 주님의 말씀을 들을 것이라는 약속이다.

모세가 계약의 책에 기록된 '주님의 말씀'을 기초로 하느님과 당신 백성의 계약을 궁극적으로 체결하기 위해 피의 다른 일부를 백성에게 뿌린 것(탈출 24,8 참조)은 이와 같이 책이 읽히고 또 백성이 약속한 이후다.

여기에서 나타나는 계약의 책(실제로는 두루마리 형태였을 것이다)의 예식은 오늘날의 독자들에게도 각자의 상황을 생각하게 한다. 이 장면에서 읽히는 책은 다름 아닌 우리가 들고 있는 오경의 율법과 같은 내용이기 때문이다. 이 책은 모세가 손수 읽고, 작성하고 전한 하느님의 법을 담고 있다. 더 나아가 독자는 이스라엘 백성이 어떤 방식으로 이에 답변하는지 본다. 이제 수행해야 할 것은 단 하나다. 지금 손에 들고 있는 이 책에 스스로 응답해야 한다는 것이다. 이에 대한 모범은 시나이산 아래에서 이스라엘 백성이 자신의 역사를 시작할 때 보여 준 응답이다.

한편 책과 말씀의 예식에 부가되는 혈제에는 분명 하나 이상의 의미가 있다. 이에 대한 가장 가까운 병행 본문은 사제들의 축성 부분이다. 이 경우에도, 일부의 피가 제단 위에 뿌려지는 동안, 다른 부분은 아론과 그의 아들들을 축성하는 데 사용된다(탈출 29,12.16.20-21; 레위 8,15.19.23-24.30 참조). 피는 거룩하다. 만약 사제들이 축성되고 또 이에 따라 피와 제단의 거룩함에 참여하게 된다면, 탈출기 24장 8절에서 그러하듯 모든 백성이 거룩해지게 되고, 또 탈출기 19장 6절에서 하느님께서 약속하셨듯이 이들은 "사제들의 나라가 되고 거룩한 민족이 될 것"이다.

이 두 표현은 이스라엘 백성을 정확하게 정의한다. 사제들이 성소에서 모든 백성의 이름으로 하느님을 섬기듯이, 이스라엘 백성들도 특별히 그분을 섬기기 위해 다른 모든 이 가운데 하느님께 선택받은 민족이 된다. "너희는 모든 민족들 가운데에서 나의 소유가 될 것이다. 온 세상이 나의 것이다."(탈출 19,5) 하느님께서는 온 땅의 주권자이시다. 하지만 그분을 섬기는 직분은 선별된 이들에게만 돌아간다. 마치 어떤 왕이 온 세상을 다스리면서도 왕실 안에서 특별한 섬김을 받고, 소수의 왕실 관리와 신하들과의 제한된 공동체를 구성하는 것과 같다.

하느님께서는 혈제로써 당신과 이스라엘 백성 사이에 생생하고도 실존적인 관계를 세우신다. 레위기에서 이야기하듯 "생물의 생명이 그 피에 있기 때문"(레위 17,11 참조)이다. 결국 하느님께서는 이스라엘 백성이 당신을 섬기도록 축성된 나라, 거룩한 나라로 만들어 주신다. 이스라엘 백성이 하느님의 백성이 될 수 있는지가 이 관계에 달려 있다. 여기의 필수 조건은 바로 모세에 의해 제정되고 전달된 법을 지키는 것이다.

결론적으로 탈출기 24장 3~8절의 예식은 이스라엘 종교의 근본적인 두 요소, 곧 피와 책에 관련된 예식을 결합한다. 이 책은 이스라엘이 하느님의 특별한 소유(탈출 19,5 참조)의 대상이면서 하느님을 섬기는 거룩한 민족이자 사제들의 나라(탈출 19,6 참조)가 되는 부르심에 충실할 수 있도록 하는 가르침을 담는다. 피는 그 자체로 백성을 사제적 민족으로 만들기 위해 축성하는데, 이 사제적 민족의 첫째가는 사명은 바로 '하느님에 대한 섬김'이다. 이것은 모든 이스라엘 백성이 이 사제직에 참여하고 그들의 모든 활동이 성스러운 예배인 전례의 일부가 된다는 의미다. 이에 대한 많은 부분은 탈출기 이후의 책들, 특히 레위기에서 자세히 다루어진다.

제14장

탈출기를 받아들인 방식

구약과 신약, 그리고 그 밖의 문화에서

파스카 축제를 준비하는 이스라엘 백성.

디르크 바우츠(Dieric Bouts), 1464~1467년.
판넬에 유채, 183 × 152.5 cm.
성 베드로 성당, 루뱅, 벨기에.

탈출기가 유다교와 그리스도교 문화에 어떤 의미를 지닐까? 여기서는 이 광범위한 주제를 다루고자 한다.

구약 성경에서의 탈출기

이집트 탈출은 의심의 여지없이 구약 성경에서 가장 중요한 주제로, 하느님을 향한 믿음을 지탱하는 기둥 중 하나다. 호세아서에서는 다음과 같이 단언한다. "나는 이집트 땅에서부터 주 너의 하느님이다."(호세 12,10; 13,4) 이 선언은 바빌론 유배 이후의 새로운 이집트 탈출에 대한 희망을 불어넣는다(예레 16,14-15; 23,7-8; 이사 43,16-21 참조). 결국 현인들은 모세의 역할(집회 45,1-5 참조)이나 아론의 역할(집회 45,6-21 참조) 혹은 이집트 탈출 사건(지혜 10-19장 참조)을 성찰하는 가운데 이러한 사건에서 교훈을 얻도록 우리를 초대한다. 이집트 탈출 체험을 상기시키거나 암시하는 구절은 이외에도 많은데, 수많은 사례 중 에제키엘서 20장에 드러나는 쓰디쓴 성찰과 더불어 시편 78, 105, 106편과 114편 혹은 느헤미야기 9장 9~21절의 내용을 살펴볼 수 있다.

신약 성경에서의 탈출기

신약 성경에서의 탈출기는 네 가지 방식으로 나타난다.

첫째, 비록 문자 그대로의 인용은 아닐지라도, 십계명과 같은 특정한 본문의 인용으로 드러난다(마태 5,21.27.33; 19,18-19 그리고 그 병행구; 로마 7,7; 에페 6,2 등 참조).

둘째, 이집트 탈출 이야기를 상기시킨다. 이와 관련된 가장 긴 글은 바로 스테파노 성인이 사도행전 7장에서 한 담화에서 찾을 수 있는데, 이 담화는 다음과 같은 가르침으로 끝난다. "목이 뻣뻣하고 마음과 귀에 할례를 받지 못한 사람들이여, 여러분은 줄곧 성령을 거역하고 있습니다. 여러분도 여러분의 조상들과 똑같습니다."(사도 7,51) 이보다 더 짧은 다른 구절도 존재한다(요한 6,31-34; 1코린 10,1-7; 2코린 3,14-18; 히브 8,5-6; 11,23-28 등 참조).

셋째, 탈출기를 떠올리게 하는 많은 부분과 간접적 암시를 발견할 수 있다. 최후의 만찬에서 예수님의 말씀을 보자. "이는 죄를 용서해 주려고 많은 사람을 위하여 흘리는 내 계약의 피다."(마태 26,28) 예수님의 말씀은 탈출기에서 모세가 계약을 결론 맺는 발언을 떠올리게 한다. "이는 주님께서 이 모든 말씀대로 너희와 맺으신 계약의 피다."(탈출 24,8) 이집트 탈출에 대한 수많은 암시를 담는 책으로는 요한 묵시록을 들 수 있다. 이 외에도 신약의 여러 부분에서는 탈출기를 암시하는 구절이 많다.

넷째, 유비적인 특성을 띤 이집트 탈출 이야기를 풍부하게 활용한다. 신약 성경의 인물과 사건들은 탈출기에서 영감을 받은 특징적 요소를 통해 서술되었기 때문이다. 예를 들어 마태오 복음서의 첫 부분(마태 1-7장 참조)은 이집트 탈출의 수많은 요소와 연결되어 있다. 파라오의 억압과 헤로데의 억압, 이집트 탈출과 이집트에서의 귀환, 광야에서의 시험과 산상 수훈 등이다. 따라서 독자는 여호수아, 곧 예수님이라는 인물이 모세에게서 예표된 것은 아닌지 물을 수 있다.[21] 한편 루카 복음서에서는 구원자의 행업을 묘사하는 데 있어 모세보다는 엘리야가 더 자주 등장한다. 예를 들어 예수님의 거룩한 변모 때에, 예수님께서는 당신이 세상을 떠날 일에 관하

21 여호수아와 예수는 "주님께서 구원하신다."(마태 1,21 참조)라는 의미를 지닌 같은 이름의 두 가지 표기다. '여호수아'는 히브리어, '예수'는 아람어 표기다.

여 모세와 엘리야와 함께 이야기를 나누시고(루카 9,30-31 참조), 예루살렘으로 향하실 때는, 엘리야처럼 "하늘로 올라가실" 사실이 언급된다(루카 9,51; 2열왕 2,9-11 참조).

우리는 이미 요한 복음서가 이집트 탈출의 위대한 상징을 강생 사건에 적용함을 살펴보았다. "말씀이 사람이 되시어 우리 가운데 사셨다.[22] 우리는 그분의 영광을 보았다. 은총과 진리가 충만하신 아버지의 외아드님으로서 지니신 영광을 보았다."(요한 1,14) 천막과 영광은 백성 가운데에 계신 하느님의 현존을 나타내는 요소로, 하느님께서는 이처럼 천막에 머무르시며 유목민들과 함께 계신다.

한편 요한 복음서에서 마주하는 이집트 탈출에 관한 주제 중에서, '생명의 빵'에 관한 요한 복음서 6장의 담화(요한 6,22-59 참조)의 배경이 탈출기 16장의 만나와 연결된다. 또한 최후의 만찬과 수난 사화 이후의 담화를 가득 채우는 파스카의 정신을 주목해 볼 수도 있다. 예수님의 죽음과 부활은 이 세상에서 하느님께로 가는 과정, 곧 '파스카'를 내포한다. 따라서 예수님께서는 '영광스럽게 되심'의 순간에 하느님께로 건너가심으로서, 구약에서 예표된 '이집트 탈출Exodus'을 완성하신다(요한 13,31-32 참조). 파스카의 상징은 요한 복음서에서 더 적극적으로 발전한다. 예를 들어 예수님께서는 파스카 시기에, 성전에서 어린양이 희생될 때 십자가에 못 박히신다(요

22 그리스어 원문에서는 "천막을 치셨다."라는 표현이 사용되었다.

한 18,28; 19,14.42 참조). 더 나아가 요한 복음서 19장 36절에서는 "그의 뼈가 하나도 부러지지 않을 것이다."라는 시편 34편 21절을 언급한다. 이는 궁극적으로 파스카 어린양의 그 어떤 뼈도 부러뜨리지 말 것을 요구하는 파스카 축제 세칙과 관련되어 있다(탈출 12,46 참조). 이 모든 것은 요한 복음서가 십자가에 못 박히신 예수님을, 이스라엘 백성을 자신의 희생 가운데 흘린 피로 보호했던 어린양(탈출 12,7.13; 요한 1,36 참조)과 일치시키고 있음을 보여 준다.

이렇게 탈출기는 신약 성경의 많은 원천을 제공한다고 말할 수 있다. 때로는 인용문으로, 때로는 이스라엘 역사의 시초가 되는 사건의 언급으로, 혹은 숨은 암시를 통해 이루어진다. 그리고 탈출기의 인물과 사건에 비추어 예수님 생애의 위대한 순간이 해석되기도 한다.

유다교에서의 탈출기

유다교 세계에서 이집트 탈출은 그 중심에 자리 잡는다. 유다교에서는 이집트 탈출 이야기 자체보다 그 이야기에서 유래된 법 제정이 더 중요할 것이다. 그럼에도 이집트 탈출 이야기는 여전히 이스라엘 신앙의 중심에 명백하게 위치해 있다(신명 6,20-25; 26,1-10; 여호 24,1-13; 판관 11,15-26; 1사무 12,8-11; 2사무 7,6-7; 1열왕 6,1 참조). 파스카 축제는 이스라엘 백성에게 그들의 신앙과 존재에 절대적인 이 사건을 다시금 상기시킨다. '세데르Seder'라 불리는 파스카 전례의 의미는 이 전례의 일부이기도 한 다음의 문장으로 요약된다. "모든 세대의 사람들은 '그날에 너의 자녀들에게 '이집트 탈출 때에 주님께서 나를 위해 해 주신 것 때문이다.'라고 말해야 한다.'라고 그분께서 말씀하셨듯이 각각 그 자신이 이집트에서 탈출한 것처럼 여길 의무가 있다." 사실 히브리 전례는 탈출기보다 신명기 26장 6~9절을 더 인용한다.

파스카 전례의 다른 중요한 요소는 "저희에게는 충분했을 것입니다."라는 의미의 '다예누Dayenu'라는 제목으로 시작하는 부분이다. "(만일 주님께서) 저희를 이집트에서 나오게 하시고 (이집트인들에게) 정의를 실현하지 않으셨다고 할지라도, 저희에게는 충분했을 것입니다(다예누)." 이 양식은 각각의 단락이 마무리된 이후에 다음과 같이 반복된다.

> 우리가 주님께 얼마나 많은 은총을 입었는지!
>
> 저희를 이집트에서 나오게 하시고
> 이집트인들에게 정의를 실현하지 않으셨다고 할지라도
> 저희에게는 충분했을 것입니다.

이집트인들에게 정의를 실현하시고
그들 신에게는 그러지 않으셨다고 할지라도
저희에게는 충분했을 것입니다.

그들 신에게 정의를 실현하시고
그들의 맏배를 치지 않으셨다고 할지라도
저희에게는 충분했을 것입니다.

그들의 맏배를 치시고
저희에게 그들의 재물을 주지 않으셨다고 할지라도
저희에게는 충분했을 것입니다.

저희에게 그들의 재물을 주시고
저희를 위해 바다를 가르지 않으셨다고 할지라도
저희에게는 충분했을 것입니다.

저희를 위해 바다를 갈라 주시고
그사이 마른 땅을 지나갈 수 있게 해 주지 않으셨다고 할지라도
저희에게는 충분했을 것입니다.

저희가 그사이 마른 땅을 지나갈 수 있게 해 주시고

저희를 억압하는 이들을 물에 빠지지 않게 해 주셨다고 할지라도
저희에게는 충분했을 것입니다.

그곳에서 저희를 박해하는 이들을 물에 빠지게 해 주시고
사십 년 동안 광야에서 저희 삶에 필요한 것들을
주지 않으셨다고 할지라도
저희에게는 충분했을 것입니다.

사십 년 동안 광야에서 저희 삶에 필요한 것들을 주시고
저희가 먹을 만나를 내려 주지 않으셨다고 할지라도
저희에게는 충분했을 것입니다.

저희에게 먹을 만나를 내려 주시고
안식일을 주지 않으셨다고 할지라도
저희에게는 충분했을 것입니다.

저희에게 안식일을 주시고
시나이산으로 저희를 이끌어 주지 않으셨다고 할지라도
저희에게는 충분했을 것입니다.

시나이산으로 저희를 이끌어 주시고

저희에게 율법을 주지 않으셨다고 할지라도
저희에게는 충분했을 것입니다.

저희에게 율법을 주시고
저희를 이스라엘 땅으로 들어가게 해 주지 않으셨다고 할지라도
저희에게는 충분했을 것입니다.

저희를 이스라엘 땅으로 들어가게 해 주시고
저희를 위해 성전을 지어 주지 않으셨다고 할지라도
저희에게는 충분했을 것입니다.

탈출기의 위대한 해설가 중 하나인 알렉산드리아의 필론Philon(기원전 25년경~기원후 45년경)은 플라톤 철학의 관점에서 성경, 특히 모세의 삶과 십계명을 다루는 부분을 해설했다. 《탈출기에 관한 질문과 해결*Quaestiones et solutions in Exodus*》이라는 저작 안에 나타나는 그의 주석은 본문을 문자 그대로 해설하는 특성을 보인다. 하지만 필론은 유비적 접근도 소홀히 하지 않는데, 그가 제안한 '시나이'의 어원이 말하는 바를 바탕으로 모세의 영혼이 접근 불가능한 시나이산을 올라가는 장면을 해설할 때를 보면 그것을 알 수 있다.

유다인 역사가인 플라비우스 요세푸스Flavius Josephus(37~100년)는 《고대 유다사*Antiquitates Iudaicae*》에서 탈출기를 자세하게 설명한다. 예

를 들어 그리스 영웅들의 생애를 모델로 모세의 청년 시기의 자세한 이야기들을 덧붙이는데, 그중 에티오피아를 상대로 한 긴 전쟁에서 승리를 이끈 모세의 일화를 예로 들 수 있다. 모세는 이때 에티오피아 임금의 딸인 쿠샤를 데리고 돌아오는데(민수 12,1 참조), 쿠샤는 성경의 영웅적 인물인 모세와 사랑에 빠진다.

탈출기의 이야기들은 이른바 탈출기에 관한 '미드라쉬 랍바'[23]에서 수집된 일화성 이야기들의 원전을 제공한다. 이 이름은 히브리적 하가딕 해석 방식, 즉 설교풍의 해석인 '셰못 랍바'[24]라 불리는 히브리 전통에서 유래되었다. 법의 경우에, 이것들은 할라키풍의 해석으로 불리는 법적 해석 방식의 대상이 되었다.

중세 시기에는 아브라함 이븐 에즈라Abraham Ibn Ezra(1089~1167년)가 위대한 주석을 남겼다. 그의 저작은 문자 그대로의 의미를 중시하는 스페인의 유다인 학파인 '세파르딕' 학파를 대표한다. 이 학파에서는 '람반'으로도 불렸던 나흐마니데스Nahmanides(1194~1270년)와 아브라바넬Abrabanel(1437~1508년)이 널리 알려져 있다. 독일과 프랑스, 동유럽의 유다인 학파인 '아슈케나짐' 학파의 대표자는 라시Rashi(1040~1105년)다. 랍비였던 그는 '슐로모 이츠하키'라는 이름으로

23 미드라쉬는 유다인들이 성경을 해석하는 하나의 방식을 말하고, '랍바'는 '위대한'이라는 뜻을 지닌다. 미드라쉬 랍바는 주로 오경의 해석을 다룬다.

24 셰못 랍바 역시 미드라쉬의 일종으로, 탈출기에 집중되어 있고 설교풍으로 이루어져 있다.

도 불렸다. 라시는 문자적 해석과 미드라쉬 주석, 설교풍의 주석을 적절히 조합하는 독보적 특징을 보였다.

라시에 따르면, 탈출기의 시작부에 언급되는 야곱 자손들의 이름 목록에 대해 창조 순간의 수많은 별의 이름을 모두 부르실 정도인(이사 40,26 참조) 하느님의 애정이 이스라엘 자손들에게도 드러난다고 설명한다. 탈출기 21장 1절인 법전의 시작 부분과 관련해서(계약 법전의 '규정들'), 라시는 때로는 기록되고 때로는 구전으로 전해 내려오는 모든 법이 신성한 기원을 지니며 십계명과 같은 가치를 갖고 있다고도 주장한다. 그는 미드라쉬의 수많은 인용문을 동반한 탈출기 21장 1절의 문자적인 주석으로 이 주장을 설명한다.

나흐마니데스와 아브라바넬도 탈출기의 시작부에 언급되는 야곱 자손들의 이름 목록에 관한 문제에 주목한다. 논점이 되는 것은 탈출기의 시작부가 창세기 46장 8~27절의 목록을 거의 반복한다는 점이다. 나흐마니데스는 여기서 창세기와 탈출기 사이의 병행을 드러내려는 명확한 의지를 본다. 탈출기는 이스라엘이 타지인 이집트에서 유배하는 모습을 묘사하는 것으로 시작하여, 하느님께서 그 집단 가운데 천막에서 마무르심으로써 이스라엘 백성에게 성조 시대를 특징짓는 신적 현존을 되찾을 수 있도록 하시는 것으로 끝난다. 아브라바넬에게 탈출기는 창세기에서 발전을 이루어 내는 책이다. 이스라엘 백성이 더는 하나의 집안이 아니라 민족을 이루게 된다는 사실을 전하기 때문이다. 아브라바넬에 따르면 모세는 성조들 중에서

으뜸가는 이고, 탈출기의 사건들은 성조들에서 놓인 기초를 발전시킨다.

이탈리아의 경우 볼로냐에서 활동한 위대한 인본주의자인 오바드야 스포르노Ovadia Sforno(1470/1475~1550년)를 들 수 있다. 스포르노는 "이제 너희가 내 말을 듣고 내 계약을 지키면, 너희는 모든 민족들 가운데에서 나의 소유가 될 것이다."(탈출 19,5)라는 말씀에 대한 주석 작품에서 질적 해석보다는 양적 해석을 선호한다. 스포르노에 따르면 이스라엘 백성은 다른 지역의 백성들을 배제한 채 하느님에게서 선택받은 민족이 아니다. 배타적 차원이 아닌 우선적 차원에서 선택받은 민족인 것이다. 이러한 맥락에서 이 구절은 바로 다음과 같은 말씀을 덧붙인다. "온 세상이 나의 것이다."(탈출 19,5) 이에 따라 스포르노는 개방된 자세로 유다인이 아닌 이들과 허물없이 교류해야 할 필요성을 설파했다.

이 틀 안에서, 우리는 법적 주석에 관한 여러 논쟁을 살펴볼 필요가 있다. 특히 카라이테스 학파와 라본 학파 사이의 논쟁에 주목할 가치가 있다. 카라이테스 학파는 성경의 문자적 주석을 중시하는 학파로, 구전 전승을 거부했다(마태 15,2-3 참조). 반면 라본 학파는 기록된 법은 구전된 법 전승과 함께 해석해야 한다고 생각했다. 예를 들어 "너희는 새끼 염소를 그 어미의 젖에 삶아서는 안 된다."(탈출 23,19; 34,26; 신명 14,21 참조)와 같은 구절에 대해 카라이테스 학파는 이 법을 본문 그대로 새끼 염소를 그 어미의 젖에 요리하는 것을 금하는 것으로 해석한다. 반면 라본 학파는 모든 형태의 음식을 우유에 요리하거나 우유에서 유래한 식품, 예를 들면 버터로도 요리하면 안 된다는 의미로 해석한다.

현대 유다교 주석은 다양한 형태를 띠지만, 두 가지 경향으로 나눌 수 있다. 그리고 각 경향에는 나름의 특색이 있다. 한편으로 많은 주석가들은 유다교 전승에 충실하고 그 전승의 위대한 스승들의 주장을 인용하여 성경 본문을 비평한다. 반면에 일부 학자들은 다른 학파의 비평적 주석과 교류하며 같은 방식을 적용하기도 한다. 하지만 그들 중 대부분은 예전의 것과 새로운 것들에서 모두 고유한 보물을 찾으려 노력한다. 유다교 주석 중에서 독자의 유익을 위해 그들의 위대한 스승들의 저작 내용을 취하지 않거나 이를 참조하지 않는 주석은 거의 찾아볼 수 없다.

탈출기의 유다교적 주석이 선택받은 민족과 다른 민족의 관계에서 다양한 문제를 제기하는 것은 사실이다. 특히 그리스도교 국가와의 관계에서 그렇다. 그리고 일부 그리스도교 주석에서 구약의 법전 부분의 가치를 소홀히 하는 경향이 있는 것도 사실이다. 이에 관한 모든 문제는 수많은 전문 저작들에서 확인할 수 있다.

그리스도교 주석에서의 탈출기

탈출기의 그리스도교 주석은 두 가지 문제에 직면했다. 한편으로 그리스도교 세계는 구약 전체를 일괄적으로 부정할 뿐만 아니라 일부 신약 성경 내용도 부정하는 '마르키온'의 이론을 거부해야 했고, 다른 한편으로 구약에서 나타난 희망의 결정적 완성을 이끌어낸 신약 성경의 새로운 측면을 지켜야 했다. 물론 후자의 측면은 상징적 혹은 비유적인 방식으로만 해석될 수는 없었다. 사실 구약 성경은 구원 역사에 속한 수많은 중요한 이야기를 수반했기 때문이다. 예를 들어 리옹의 이레네오 성인Irenaeus(120/130~202년경)은 더 이론적인 방식으로 이를 설명했다. 바로 신약은 구약을 '요약'한다는 것이다. 알렉산드리아의 오리게네스 교부Oregenes(184년경~253년경)는 더 구체적으로 그리스 문화에서 형성된 도구, 특히 호메로스의 주석을 활용하여 구약 성경의 그리스도교 주석에 새로운 길을 열었다. 알렉산드리아의 필론이 남긴 주석도 구약 성경의 그리스도교적 해석에서 중요한 원천 중 하나다. 한편 히포의 아우구스티노 성인Augustinus(354~430년)이 제안한 양식 중 하나는 성경에 대한 그리스도교적 시각을 잘 요약해 준다. "신약은 구약에 감추어져 있고 구약은 신약 안에서 드러난다Novum Testamentum in Vetere latet, Vetus Testamentum in Novo patet." 즉 구약 성경은 신약 성경의 내용을 준비하고, 예표하고 또 선포한다. 따라서 그리스도교적 주석은 이 두 성경 사이의 일치적 과정으로 결합한 연속성을 보여 준다.

이미 그리스도교 주석은 오래전부터 이집트 탈출 사건에서 예수님의 수난, 죽음 그리고 부활에서 완성될 파스카 신비의 표징을 보았다. 파스카 전례는 분명 탈출기와 그리스도교적 삶 사이의 밀접한 관계를 이어 나가는 데 크게 공헌했다. 이미 살펴보았듯이 모세라는 인물도 여러 번 신비로운 여정의 모델로 해석되었다. 니사의 그레고리오 성인은 이를 명확하게 증언한다. 그 외에도 많은 이들이 같은 주장을 했는데, 이 모든 것은 알렉산드리아의 필론에서 시작된 노선 가운데 있다.

중세 그리스도교 주석은 교부들에 의해 전해 온 해석으로 특징지을 수 있는데, 그 역사는 요한 카시아노 성인Joannes Cassianus(360년경~435년)까지 거슬러 올라간다. 이 해석은 성경의 네 가지 의미 이론과 함께 체계적으로 발전했다. 이중 탈출기에 그 전반적 의미를 적용할 때에 얻을 수 있는 것은 다음과 같다.

첫째, 문자적이고 역사적인 의미로 해석하는 것이다. 이는 이집트에서 나오고 시나이산 근처의 광야에서 체류한 뒤 하느님께서 성막을 소유하러 오실 때까지의 이야기를 말한다.

둘째, 알레고리적(유비적) 의미로 해석하는 것이다. 바다를 횡단하는 것(탈출 14장 참조)은 세례의 예형이 되고, 만나를 주신 것(탈출 16장 참조)은 성찬례의 예형이 된다는 것이다.

셋째, 비유적 의미로 해석하는 것이다. 이 경우에는 말씀을 개인의 영성 생활에 적용할 때 사용되는데, 예를 들면 광야의 시험을 통해 하느님을 섬기는 상태로 들어가기 위해 죄의 노예 상태에서 해방된다는 메시지를 들 수 있다.

넷째, 신비적 의미로 해석하는 것이다. 이 경우에는 이집트 탈출에서, 죄의 노예 상태인 이 세상에서 하늘나라와 영원한 생명의 실제로 가는 여정을 본다. 구약을 그리스도교적 관점에서 읽는 독서에서, 알레고리(유비)에 집중된 이 해석은 생셰르의 후고 성인 Hugues(1190~1263년)의 《포스틸레*Postille*》라는 작품을 계기로 유명해졌다.

다른 한편으로 많은 중세 시기 주석가는 히브리어도 알고 있었고 이에 따라 본문의 문자적 의미에 많은 관심을 보이기도 했다. 특히 파리의 성 빅토르 수도원의 많은 회원이 관심을 가졌다.

이 경향은 중세에서 르네상스 시기로 넘어갈 때, 리라의 니콜로 Niccolò(1270~1349년)와 더불어 변화되기 시작했다. 앞서 언급된 작품인 《포스틸레》와 동일한 제목을 지닌 그의 대표적 저작은 두 가지 서문이 있다. 첫째 부분에서 니콜로는 고전적 이론인 성경의 네 가지 의미를 소개하면서도, 두 번째 부분에서 자신이 배운 히브리어를 바탕으로 한 문자적 해석의 우위를 주장했다. 이러한 목적성으로 인해 랍비들의 주석, 특히 라시의 주석을 자주 상기시킨다. 다음은 라시의 주장을 인용한 니콜로의 설명으로서, 탈출기 13장 13절("그러나 나귀의 첫 새끼는 양으로 대속해야 한다.")의 주석에 관한 내용이다. "이 본문에는 한 가지 문제가 있다. 나귀는 부정한 짐승이었고 이에 따라 대속되면 안 되었기 때문이다." 만약 이러한 관습이 존재한다면, 리라의 니콜로는 라시의 의견에 따라 이것이 이집트 탈출 때에 나귀의 등이 여성, 아기 그리고 짐을 옮기는 데 유용했기 때문이었다고 주장한다. 따라서 문자적 주석은 광범위하면서도 당시의 구체적인 상황에 대한 성찰을 동반한다.

리라의 니콜로를 시작점으로 탈출기의 주석가들은 탈출기에 기록된 언어와 번역 문제에 집중하게 되었고, 이는 히브리어와 그리스어 본문[25]의 대조를 통해 이루어졌다. 그리고 1600년대 이후에 이러한 경향은 당시 막 빛을 보기 시작한 사마리아 오경과의 관계 가운데에서도 이루어졌다.

성서 비평가인 리차드 시몬Richard Simon(1638~1712년)을 예로 들면, 모세는 법과 계명들을 저술했지만(탈출 24,3 참조), 창조 이야기, 족보 혹은 창세기의 다른 이야기들을 저술했다고 이야기하는 부분을 찾아볼 수 없다. 이 지점에서 명확히 모세가 쓴 것이 무엇인지, 정확하게는 오경을 누가 썼는지에 대한 질문이 놓인다. 성령의 영감만 말하지 않고, 거룩한 책인 성경의 인간적 저술 기원을 논하게 된 것이다. 따라서 시몬의 (분명 근거가 약한) 공공 필사가 혹은 영감받은 성경 저자에 관한 이론은 결국 모세 그 자신이 저술한 것으로 거슬러

25 기원전 3세기경 이집트의 알렉산드리아에서 그리스어로 번역된 성경인 《칠십인역》 본문을 말한다.

올라가며, 그 배경이 되는 지식을 파라오 궁궐에서 배웠을 것으로 추정한다.

현대에 들어서 탈출기 주석은 다양한 방향을 지니게 되었다. 이에 대한 질문은 세 가지 형태로 나눌 수 있다.

첫째, 주석가들은 탈출기에서 묘사된 사건들의 역사성에 질문을 던졌다. 예를 들자. 과연 이집트를 나온, "아이들을 빼고, 걸어서 행진하는 장정만도 육십만가량"(탈출 12,37 참조)이나 되었던 군중의 모습을 상상할 수 있을까? 그리고 그 많은 인원이 어떻게 광야에서 사십 년을 살 수 있었을까? 장정 육십만 명은 아이들과 여인들을 포함한다면 총 200만 명 정도의 인원수를 의미한다. 이 외에도 이 이야기에 언급된 시기와 지명을 규명하는 것도 관심을 받게 되었다.

둘째, 탈출기의 저자 혹은 저자들에 관한 질문은 그 원전과 책의 편집에 관한 이론으로 점차 이동해 갔다. 이와 관련해서는 특히 장 아스트뤽Jean Astruc(1684~1766년), 요한 고트프리트 아이히호른Johann Gottfried Eichhorn(1752~1827년)으로 시작하여 율리우스 벨하우젠Julius Wellhaysen(1844~1918년)에 이르기까지 발전했고, 탈출기에도 해당하는 오경의 네 가지 원전 이론으로 이어졌다.

셋째, 학자들은 탈출기의 다양한 요소, 곧 이야기와 법 등의 전승에 관한 질문을 던졌다. 이에 대한 대표적인 학자로는 후고 그레스만Hugo Gressmann(1877~1927년), 게르하르트 폰 라트Gerhard von Rad(1901~1971년), 마르틴 노트Martin Noth(1902~1968년)가 있다.

탈출기의 최근 주석 역사의 전환점을 이룬 주석서들도 있다. 특히 그중에는 브레바드 차일즈Brevard S. Childs(1923~2007년)의 주석을 주목할 필요가 있다. 1974년에 출간된 차일즈의 주석서는 두 가지 새로운 측면이 있다. 첫째, 본문의 번역과 구성, 의미에 관한 기성 질문들과 더불어, 차일즈는 유다교 주석과 그리스도교적 주석의 역사를 다시금 되짚는다. 둘째, 차일즈는 본문의 다양한 구성 요소에 대한 분석적 주석을 제공하는 데 그치지 않고, 최종적이고 정경적인 형태와 신앙 공동체에 갖는 의미가 어떠했는지 연구한다.

마지막으로 해방 신학에서의 탈출기 주석에 관해 언급하고자 한다. 해방 신학을 대표하는 인물인 구스타보 구티에레즈Gustavo Gutiérrez(1928년~)는 그의 영감을 탈출기와 복음서에서 얻었다. 탈출기를 자신들의 사상의 중심으로 활용한 다른 저자들도 있다. 이들 중에서 주목할 만한 인물로는 호세 세베리노 크로아토José Severino Croatto(1930~2004년), 조지 V. 픽슬레이George V. Pixley(1937~2023년), 마이클 왈처Michael Walzer(1935년~)가 있다.

코란에서의 탈출기

탈출기와 모세는 이슬람의 경전인 코란에서도 종종 언급된다. 코란과 그 주석서들이 탈출기에 나타난 사건을 소개하는 세 가지 주된 방식이 있다.

첫째, 모세는 단순히 우두머리가 아닌 안내자이자 설립자로서, 선지자 마호메트의 길을 준비하는 예언자로 나타난다.

둘째, 코란은 시나이 그리고 모세와 이스라엘에게 전해진 법의 가치를 이야기한다.

셋째, 이스라엘의 사막에서의 체류, 특히 금송아지 이야기(탈출 32장 참조)는 이스라엘의 죄를 부각하고 뒤에 이어지는 불행을 강조하는 데 인용된다. 그 논리에 따르면 이러한 연유로 이스라엘이 이슬람으로 대체되었다는 것이다. 성경에서 예언자들의 선포에 등장하는 이스라엘의 죄라는 주제는 그리스도교 교부들의 문헌에서도 자주 나타난다.

제15장

탈출기와 유럽 문화

증언판을 들고 있는 모세.

렘브란트 하르먼스 판 레인(Rembrandt Harmenszoon van Rijn), 1659년.
판넬에 유채, 168.5 × 136.5 cm.
베를린 국립 회화관, 베를린, 독일.

탈출기는 유럽 문화권에서 큰 의미를 지닌다. 탈출기에서 영감을 받은 모든 문학과 예술 작품의 목록을 나열하는 것이 불가능할 정도다.

먼저 '탈출'이라는 단어는 루카 복음서의 거룩한 변모 장면에서 예수님의 수난, 죽음 그리고 부활을 가리키는 데 사용된다. "두 사람이 예수님과 이야기를 나누고 있었다. 그들은 모세와 엘리야였다. 영광에 싸여 나타난 그들은 예수님께서 예루살렘에서 이루실 일, 곧 **세상을 떠나실 일**(탈출Exodus)을 말하고 있었다."(루카 9,30-31) 오늘날 '탈출 체험'이라는 용어는 다소 세속화되어 이스라엘 백성의 해방과는 그 어떤 연관도 없는 '시골 탈출'과 같은 의미로 쓰인다. 어쨌든 이 장에서는 유럽 문화권의 집단적 관념에 탈출기가 얼마나 깊게 들어와 있는지 이야기할 것이다.

첫 번째 예 — 십계명

십계명은 다양한 분야에 영향을 주었는데, 십계명에 대한 첫 주석에서 오늘날의 법률까지 아우른다. 그중 십계명의 두 번째 부분[26]을 예로 든다면 신약의 복음서가 인용될 수 있다(마태 19,16-22; 마르 10,19; 루카 18,20 참조). 여러 유명한 인물 중에는 알렉산드리아의 필론, 오리게네스 교부, 알렉산드리아의 클레멘스 성인Clemens(150~215년), 히포의 아우구스티노 성인, 시빌리아의 이시도로 성인Isidorus(560년경~636년), 베다 성인Beda(673년경~735년), 로버트 그로스테스트Roberto Grossatesta(1175~1253년), 토마스 아퀴나스 성인Thomas de Aquino(1225~1274년) 등을 들 수 있다. 랍비 중에서는 앞서 언급한 바 있는 아브라바넬이 있다. 이처럼 역사적으로 여러 훌륭한 인물들이 십계명의 두 번째 부분에 집중했지만, 법적 세계에서는 두 고대 작품을 특별히 언급할 필요가 있다.

첫 번째 작품으로는 〈모세의 법과 로마법의 비교Collatio mosaicarum et romanarum legum〉라는 문헌을 들 수 있다. 이 문헌은 '하느님께서 모세에게 명하신 주님의 법'으로도 불리는데, 유다교인인지 그리스도인인지 아직 논쟁 가운데 있는 저자는 4세기의 인물로 보인다. 이

26 십계명은 크게 두 부분으로 나눌 수 있는데, 하느님과 그분에 대한 흠숭, 거룩한 삶에 관련된 부분(1~3계명), 그리고 이웃과 사회적 삶에 관한 부분(4~10계명)이다. 저자가 이야기하는 '두 번째 부분'은 이웃에 관련한 계명을 다루는 부분을 일컫는다.

문헌의 열여섯 장은 모두 성경 구절로 시작되는데, 각각 로마법에서 발췌한 일련의 법이 뒤따른다. 마지막은 호교론에 관련된 부분으로, 모세의 법이 로마법의 규정과 공존할 수 있음을 나타낸다.

두 번째 문헌은 초기 중세의 고전적인 법전 중 하나로, 영국의 알프레드 대왕Alfred the Great(849~899년)의 《법전*Doom book*》이다. 이 법전에는 십계명의 한 버전과 오경에 나온 법들(예를 들어 탈출 23,1-3)에서 참조한 원칙들을 담는다.

중세에는 십계명을 그리스도교 윤리의 기초로 삼은 위대한 학자들이 있었다. 그중 생 빅토르의 후고Hugues(1099년경~1141년)와 《신학 명제집*Quatuor libri sententiarum*》의 저자인 베드로 롬바르도Petrus Lombardus(1100년경~1160년)를 들 수 있다. 고해성사 준비를 위한 지침서에서도 십계명을 찾을 수 있는데, 이에 대한 예로는 켄터베리의 에드먼드Edmund(1174년경~1240년)의 《거룩한 교회의 거울*Speculum Ecclesiale*》, 장 게르손Jean Gerson(1363~1429년)의 《고해와 아름다운 죽음의 예술에 관한 십계명의 세 부분에 대한 소논문*Opusculum tripartitum de praeceptis Decalogi de confessione et de arte moriendi*》을 들 수 있다.

이후 이른바 종교 개혁파의 교리도 십계명에서 출발했다. 필리프 멜란히톤Philipp Melanchthon(1497~1560년)은 이와 관련된 저서를 1523~1525년 사이에, 마르틴 루터Martin Luther(1483~1546년)는 1529년에, 장 칼뱅Jean Calvin(1509~1564년)은 1542년에 출간했다. 가톨릭 교회에서는 베드로 가니시오 성인Petrus Canisius(1521~1597년)의 교리 중 사랑의 계명 실천 부분에서 십계명을 발견할 수 있다. 이에 1566년 《로마 교리서*Catechismus romanus*》가 뒤따른다.

오랜 시간 이후, 학자들은 이웃에 관련된 십계명이 유럽 사회에 미친 영향을 재조명했다. 특히 1948년 유엔 인권 선언과 유럽의 여러 헌법에서 그 정신을 발견했다. 십계명의 이 부분은 다른 영역에도 많은 영향을 미쳤다. 그중 1988년과 1989년 사이에 폴란드 감독 크쥐시토프 키에슬로프스키Krzysztof Kieślowsk(1941~1996년)가 크쥐시토프 피에즈비Krzysztof Piesiewicz(1945년~)와 함께 만든 TV 시리즈물 〈데칼로그Decalogue〉(십계) 연작이 있다. 이 작품의 중심 주제는 십계명과 연결된다. 법과 문화에서 십계명의 영향에 관해 나눌 이야기는 이 외에도 많다.

이 부분에서 소개한 작품들은 탈출기의 십계명이 얼마나 다양한 분야에 영향을 미쳤는지 보여 준다. 물론 탈출기의 다른 부분도 이에 못지않은 영향을 미쳤다.

문학 작품에서 나타나는 탈출기

이집트 탈출이라는 주제는 한 문화에서 다른 문화로, 한 시기에서 다른 시기로의 막대한 영향력을 지녔다. 개신교 문화권의 국가들의 문학 작품이 가톨릭 문화권의 국가보다 이 주제에 더 적극적이다. 그 이유는 종교 개혁 시기에 추진된 '오직 성경만으로Sola Scriptura'라는 모토에서 찾을 수 있을 것이다.

먼저 주목할 만한 책은 고전 영문 작품으로서 필사의 형태를 띤 《주니우스*Junius*》인데, '케드몬 사본'으로도 불린다. 영국 옥스퍼드 보들리언 도서관에 보관 중인 이 작품의 기원은 11세기까지 거슬러 올라간다. 이 작품에는 여러 편의 시가 수록되어 있는데, 그중 하나가 바로 '엑소더스Exodus'라는 제목으로 되어 있다.

이 시는 590절로 구성되어 있으며 탈출기 13장 20절에서 14장 31절에 이르는 이야기를 바탕으로, 창세기의 홍수 이야기(창세 6-9장 참조)와 아브라함의 제사 부분(창세 22,1-19 참조)에 해당하는 내용이 첨가되어 있다. 이집트 탈출 이야기는 그리스도교적 관점으로 재해석되었는데, 이집트 탈출이 한 교회 구성원의 여정으로 그려지는 방식이다. 앵글로색슨 민족의 가치를 반영하는 이 시는 그들의 심성에 내재된 법의 가치, 그들이 몸소 겪은 바다에서의 체험 등을 반영하며, 이것은 믿는 이들(곧 이스라엘 민족)의 세상과 이교인(이집트 민족)을 기다리는 끔찍한 운명과 대립의 차원을 넘어선 것이었다. 다음은 이 시 도입부의 해석이다.

> 들어라! 우리는 모세의 명성과 그로부터 내려온 법과 그 말씀을,
> 가까이서, 멀리서, 이 세상 반대편에서, 세세 대대로 들어 왔다.
> 곧 하늘에서, 복된 이들에게 죽음의 여정 이후의

생명의 위로를 (주는 메시지를),
모든 살아 있는 이들과 영웅들을 향한
영원한 조언(으로 이루어진 말)을 들어 왔다!
원하는 사람들아! 모두 다 들어라!

따라서 이 시는 복된 삶을 여는 메시지를 다룬다고 볼 수 있다.

중세 시기는 성경적 문화로 가득 차 있었다. 이러한 정신을 나타내는 수백 개의 작품 중 상징적인 작품이 바로 단테 알리기에리Dante Alighieri(1265~1321년)의 저작들이다. 단테가 1265년에 집필한 저술인 《새로운 삶*La Vita Nuova*》은 죽은 연인 베아트리체를 향한 순수한 사랑으로 향하는 긴 여정을 묘사한다. 이 시는 42연으로 구성되어 있는데, 광야에서의 이스라엘이 지냈던 시기를 구성하는 단계의 수와 동일하다(민수 33,1-49 참조). 따라서 단테는 그의 여정을 이집트의 노예 상태에서 광야를 건너는 여정으로, 고통의 노예 상태에서 약속의 땅에 이르는 여정으로 비유한 것으로 보인다. 이러한 주제에 관해서는 두 가지 측면을 볼 수 있다.

첫째, 단테의 이집트 탈출은 집단적 성격이 아닌 개인적 성격을 띤다는 점이다. 둘째, 삶의 조건의 변화보다는 도덕적, 영적 측면의 변화 과정을 다룬다는 점이다. 이렇게 우리는 집단적 측면보다 개인적 측면에 주목하는 시대로 들어가는 것이다.

단테의 대표작 《신곡*La Divina Commedia*》은 이러한 첫인상을 더욱 굳건히 한다. 이 경우에도 변화 과정은 개인적이고 영적 측면을 지닌다. 왜냐하면 시인은 '암흑의 숲'에서 나와 처음에는 베르길리우스의 안내에 따라 지옥과 연옥을 건너 마침내 찾은 베아트리체의 안내로 천국으로 들어가기 때문이다. 시인이 사용한 모든 이미지 중 이집트 탈출과 모세라는 인물을 다음과 같이 만날 수 있다.

> 위에 말씀한 싱싱한 의식과 더불어
> 나를 비뚤어진 사랑의 바다에서 건져 냈고
> 바른 사랑의 물가에다 나를 두었나이다.
> (천국편, 제26곡, 61-63)

여기서 단테는 갈대 바다의 횡단(탈출 14장 참조)을 암시하고, 자신을 자극했던 회한에 이어 그가 걸어온 여정과 이집트에서 광야로 그리고 노예 상태에서 자유로 향하는 여정을 비교한다. 모세는 이 작품에서 다음과 같이 이야기된다.

> 모세에게 자신을 가리켜 '나 너에게
> 온갖 힘을 드러내 보이리라.' 하신
> 진실하신 저자(하느님)의 소리가 그것을 밝히십니다.
> (천국편, 제26곡, 40-42)

이집트 탈출은 '온갖 힘', 곧 사랑의 힘을 발견한 시인의 체험에 따라 재해석된다. 시인은 《신곡》의 마지막 구절에서 "해와 별들을 움직이는 사랑."(천국편, 제33곡, 145)이라고 말할 것이다. 이 외에도 이집트 탈출에 대한 내용은 《신곡》의 다른 부분에서도 찾을 수 있다(연옥편, 제2곡, 46-48; 제11곡, 13-15; 천국편, 제25곡, 52-57; 제31곡, 85-87 참조).

이집트 탈출의 주제가 문학 작품에서 다양하게 인용된 사례로는 존 스타인벡John Steinbeck(1902~1968년)이 1939년에 쓴 《분노의 포도*The Grapes of Wrath*》를 들 수 있다. 이 작품은 오클라호마라는 땅을 떠나야만 하는 가난한 노동자들이 캘리포니아를 약속의 땅으로 여기고, 그곳으로 향하는 '이집트 탈출'을 묘사한다. 하지만 그곳에는 노예살이가 기다리고 있다. 이 작품에서 이집트 탈출의 집단적 해석을 찾아볼 수 있는데, 여기에서는 자유에서 노예 상태로의 탈출을 표현한다.

토마스 만Thomas mann(1875~1955년)은 〈내 앞에서 다른 신을 섬기지 말지어다Thou shalt have no other gods before me〉라는 에세이를 썼다. 이 에세이는 아르민 로빈슨Armin L. Robinson(1900~1985년)의 편집을 거쳐 《십계명 — 도덕률에 대항한 히틀러의 투쟁에 관한 열 가지 이야기*The Ten Commandments: Ten Short Novels of Hitler's War Against the Moral Code*》라는 제목으로 1943년에 출간되었다. 이 책의 제목은 그 목적을 명확하게 드러내는데, 모세를 이스라엘인 종과 이집트 공주의 사생아로 등장시키며 모세의 이야기를 소설의 형태로 각색한다. 제2차 세계 대전의 맥락에서, 토마스 만은 모세를 전체주의 정권에게서 조롱당할 뿐만 아니라 군중의 냉대함도 마주해야 했던 윤리의 전령으로 나타낸다.

마지막으로 레온 유리스Leon Uris(1924~2003년)가 1958년에 쓴 《엑소더스*Exodus*》라는 작품은 강제 수용소에서 살아남은 이들이 이스라엘 건국에 참여하기 위해 고대 근동으로 향하는 긴 여정을 그리고 있다. '엑소더스'라는 제목은 이주민을 옮기는 선박의 이름이기도 하다. 이 배는 원래 '프레지던트 워필드'라고 불렸으나, '라스페치아'라는 이탈리아 항구 도시에서 정박하던 중 '엑소더스'라는 이름으로 개명되었다. 이 사건을 바탕으로 한 영화도 제작되었다.

그림과 조각 작품에서 나타나는 탈출기

탈출기를 묘사하는 회화에서 가장 많이 언급되는 주제를 꼽으라면 아기 모세가 강에서 구출된 것과 불타는 떨기나무, 이집트 재앙, 갈대 바다의 횡단, 만나의 기적, 시나이 현현일 것이다.

이집트 탈출을 묘사한 초기 작품은 244~245년으로 거슬러 올라간다. 이 작품은 오늘날 시리아의 '두라 에우로포스'라는 회당에 있으며 모세가 강에서 구출되는 장면, 불타는 떨기나무, 이집트 탈출과 갈대 바다 횡단, 모세가 증언판을 받는 장면을 프레스코 형식으로 묘사한다. 특히 갈대 바다의 횡단 장면을 묘사한 것을 보면, 이 그림은 열두 선의 디자인을 부각하는데, 이는 이스라엘 열두 부족의 횡단을 위해 바닷바람이 남긴 열두 개의 길에 상응하는 것으로서 탈출기 14장 21절에 관해 타르굼 성경[27]의 한 종류인 《위-요나탄 *Pseudo-Gionata*》(타르굼 요나탄)에서 발전된 주제이기도 하다.

탈출기를 바탕으로 고안된 또 다른 작품으로는 파스카의 '하가다 Haggadah'에 관한 삽화에서 찾을 수 있는데, 이 삽화는 〈새 머리의 하가다〉라고 불린다. 이 이름은 작품에 나타나는 인물들이 새 머리로 그려진 것에서 비롯되었다. 이 삽화의 필사본은 라인 랜드(독일 서부의 라인강 주변의 한 도시)에서 유래되었는데 그 기원은 1300년대로 거슬러 올라간다. 현재 이 작품은 예루살렘의 이스라엘 박물관에 전시되어 있다. 이집트 탈출을 나타내는 이 작품은 성경의 수많은 재해석을 보여 주는 좋은 예다. 여기에서 파라오는 왕실 독수리의 상징을 수반한 기수와 동반하는데, 이는 합스부르크 왕가의 루돌프 1세 황제를 암시한다. 그는 유다인들을 '왕실 보물의 종'으로 불렀는데, 유다인들이 황제의 직접적인 과세 대상임을 의미했다. 여기에 더해 당시 유다인들은 지방 영주들에게도 세금을 지불해야 했다. 로텐부르크의 마이어 벤 바룩Meir ben Baruch(1215년경~1293년)이라는 위대한 랍

27 히브리어가 아닌 아람어로 후대에 구성된 구약 성경이다.

비는 이 상황을 타개하기 위해 유다인들을 이스라엘 땅으로 이주시키려 했으나, 롬바르디아의 황제로 인해 무산되었다. 이 때문에 그는 프랑스 알자스의 아인지스하임의 감옥에서 생을 마감할 때까지 수감되어야 했다.

바티칸의 시스티나 성당에 있는 갈대 바다 횡단을 묘사한 그림은 1481~1482년으로 거슬러 올라가는데, 작가가 누군지는 확실치 않다. 전문가들은 도메니코 기를란다요Domenico Ghirlandaio(1448~1494년), 비아지오 단토니오Biagio d'Antonio(1446~1516년), 코시모 로셀리Cosimo Rosselli(1439~1507년) 중 한 명으로 보는데, 마지막 이름이 주로 언급된다. 이 프레스코화에는 다양한 장면이 담겨 있다. 폭풍우가 이미 우박이 떨어지는 이집트 성읍을 치는데(탈출 9,13-35 참조), 이 장면은 당시의 예술 작품에 잘 드러나는 기상 현상을 묘사한다. 이스라엘 백성은 반대쪽 강가에 도달해 있으며, 미르얌이 현악기를 연주하고 이스라엘 여인들은 춤을 추고 있다. 반면 모세는 이집트인들이 빠져드는 바다를 물끄러미 바라본다(탈출 14,24 참조). 더불어 기둥이 바다 가운데 있는데, 낮에는 구름 기둥, 밤에는 불기둥으로 이스라엘 백성을 인도한 그 기둥을 상징한다(탈출 13,21 참조). 한편 이 작품에서 이집트인들은 15세기의 무기를 들고 갑옷을 착용한 모습으로 묘사되는데, 이는 당대의 강력한 군대에 승리한 것을 기념하는 메시지를 담은 것이다.

이탈리아 피렌체 톨레도의 엘레오노라 경당에 있는 아뇰로 브론

지노Agnolo Bronzino(1503~1572년)의 작품은 이스라엘의 갈대 바다 횡단을 보여 주는데, 이 작품은 르네상스의 새로운 회화적 기술을 사용할 계기를 마련했다. 이 기술의 예는 다양한 위치에서 바라보는 인체의 해부학적 연구와 원근법을 통한 묘사다.

한편 이집트 탈출의 여러 장면을 그린 화가로는 니콜라 푸생Nicolas Poussin(1595~1665년)이 있다. 그는 고전주의에서 영향을 받으면서도 균형과 조화를 중시하는 자신만의 스타일로 작품을 만들었다. 인물의 움직임에 대한 푸생의 묘사는 그의 작품에 나타나는 특징이다. 푸생은 탈출기를 가장 많이 다룬 화가로, 유명한 주제뿐만 아니라 다른 여러 주제도 작품에 그려 넣었다. 이와 관련된 그의 작품으로는 〈모세가 강가에 놓임〉, 〈여호수아와 아말렉의 전투〉, 〈모세가 바위에서 물이 솟게 함〉, 〈금송아지 경배〉, 〈이스라엘이 광야에서 만나를 거둠〉, 〈모세가 아론의 지팡이를 뱀으로 바꿈〉 등이 있다. 푸생은 탈출기 2장 1~10절에 나타난 모세의 탄생 이야기에 열의를 느꼈을 가능성이 큰데, 이 주제에 관해서만 다섯 개 이상의 작품을 그렸기 때문이다.

모세와 증언판을 묘사하는 작품 중에는 1659년에 렘브란트 하르먼스 판 레인Rembrandt Harmensz van Rijn(1606~1669년)이 그린 그림에 관해 이야기할 수 있다. 이 작품은 베를린의 국립 회화관에 있다. 이 작품에서 모세는 증언판을 손에 쥐고 있으나, 증언판을 백성들에게 보여 주기 위한 것인지 금송아지를 발견하고 부서뜨리기 위한 것인지 분명치 않다. (통상적인 작품의 제목과는 달리) 전자의 해석이 신빙성이 있는데, 모세의 얼굴이 분노를 표현하고 있지 않기 때문이다. 이 작품에서 십계명은 히브리어로 적혀 있는데, 여기서 여러 문헌, 특히 성경을 그 원어로 읽으려는 르네상스의 경향을 다시금 발견할 수 있다. 또한 우리는 네덜란드 칼뱅주의의 성경과 법에 대한 관심도 찾을 수 있다. 실제로 렘브란트는 암스테르담의 유다인 공동체 모임에 자주 참여했는데, 그곳에서 영감을 많이 받았다고 한다.

귀스타브 도레Gustave Doré(1832~1883년)가 묘사한 성경 장면, 특히 이집트 탈출에 관한 열두 개의 삽화에도 주목할 필요가 있다. 그 작품 목록은 다음과 같다. 〈강가에 놓인 아기 모세〉, 〈파라오의 딸에게 발견된 아기 모세〉, 〈파라오를 찾아간 모세와 아론〉, 〈다섯 번째 재앙(가축병)〉, 〈아홉 번째 재앙(어둠)〉, 〈열 번째 재앙(이집트 맏배의 죽음)〉, 〈모세에게 떠나 달라고 부탁하는 이집트인들〉, 〈바다에 빠져 죽는 이집트인들〉, 〈바위를 치는 모세〉, 〈시나이산에서 율법을 받은 모세〉, 〈증언판과 함께 시나이산에서 내려오는 모세〉, 〈증언판을 부수는 모세〉다. 이 그림들은 드라마틱하면서도 풍경을 표현하는 데 있어 도레의 취향을 뚜렷하게 드러낸다.

오늘날 우리 시대에 가까운 예술가를 꼽자면, 마르크 샤갈Marc Chagall(1887~1985년)을 들 수 있다. 그는 탈출기의 장면들을 개인적 관점으로 다양하게 작품에 드러내는 데 열중했다. 그 대표작으로는 〈증언판을 받은 모세〉, 〈모세와 천사〉, 〈모세와 이집트 탈출〉, 〈불타는 떨기나무 앞에 선 모세〉, 〈모세와 갈대 바다〉 등을 들 수 있다. 그의 작품 중 대부분이 앙드레 말로André Malraux(1901~1976년)에 의해 프랑스 니스에 개관한 마르크 샤갈 국립 박물관에 전시되어 있다. 러시아에서 보낸 어린 시절 추억의 영향, 유다인 문화, 밝은 색채를 활용한 회화 기법이 샤갈의 작품의 특징이다.

조각품 가운데서 가장 유명한 작품은 클라우스 슬뤼터르Claus Sluter(1340년경~1405년)의 〈모세의 샘〉이다. 이 작품은 부르고뉴의 필립 2세 공작에게 위탁받은 것으로 프랑스 디종 근처에 있는 샹몰의 샤르트뢰즈(카르투시오) 수도원에 헌정되었다. 클라우스 슬뤼터르는 사촌인 클라우스 드 베르베Claus de Werve(1380~1439년)와 다색 화법이 특징인 화가 장 말로엘Jean Malouel(1365년경~1415년)과의 협업으로 이 작품을 만들었다. 전문가들은 이 작품이 당시 여러 나라에 퍼진 고딕풍에서 르네상스풍으로의 전환을 나타낸다고 주장한다. 작품에 나타난 모세는 오른손에 두 개의 증언판을 들고 있고 왼손에는 "모든 이스라엘 공동체가 해질 때에 어린양을 희생 제물로 바칠 것이다Immmolabit agnum multitudo filiorum Israhel ad vesperam."(탈출 12,6 참조)라는 글귀가 적힌 비문이 있다. 이 문장은 신약과 십자가상 희생을 암시하는 것으로 해석할 수 있다.

한편 로마의 산 피에트로 인 빈콜리 성당에 있는 미켈란젤로 부오나로티Michelangelo Buonarroti(1475~1564년)의 모세의 조각상을 언급하지 않을 수 없다. 이 작품은 미완으로 남은 율리오 2세 교황의 무덤에 헌정하기 위해 제작되었다. 1513년과 1515년 사이에 완성된 이 작품은 1543년에 같은 예술가가 다시 손본 것으로 보인다. 오스트리아의 심리학자 지그문트 프로이트Sigmund Freud(1856~1939년)는 이 작품에 대한 해설을 덧붙였는데, 그는 이 작품에서의 인물이 더욱 숭고한 사명에 헌신하기 위해 자기 자신을 완전히 맡기는 열정으로 지배되고 있다고 보았다.

음악에서의 탈출기

탈출기에서 영감을 받은 음악 작품들은 아주 많다. 먼저 미르얌과 이스라엘 여인들이 부른 모세의 노래(탈출 15,1-21 참조)는 공동 기도와 노래의 첫 번째 성경적 예다. 이 노래는 다양한 제목으로 유다교 전례의 일부를 구성하는데, 주간 독서의 일부와 파스카 축제의 전례 독서로 사용되는 것을 넘어서, 일상 중 매일 낭송되는 형태로도 존재한다.

한편 아슈케나짐 유다인들은 이 노래에 대한 고유의 멜로디를 갖고 있다. 11절의 "누가 당신과 같으오리까?"라는 내용은 아침과 저녁 기도에 자주 사용되는 등 널리 알려져 있다. 이는 에르네스트 블로흐Ernest Bloch(1880~1959년)가 1927년에 작곡한 바리톤, 합창, 관현악을 위한 작품 〈신성한 의식〉에서 다양한 형태로 사용되었다.

요한 제바스티안 바흐Johann Sebastian Bach(1685~1750년)의 위대한 작품 중 하나도 모세와 그리스도의 형상을 가리킨다. 여기에서 모세는 그리스도의 '예형'으로 드러난다. 이 작품의 이름은 〈나는 당신의 기쁨을 위하여 살아갑니다〉이다. 이중 테너의 서창 부분은 모세에 의해 공표되고 그리스도에 의해 완성된 법을 암시한다.

> 이제 명령하소서 모세여, 당신이 원하는 바를.
> 주어진 법을 실천하기 위해서.
> 여기 저의 속량이 있습니다.
> 예수님의 피와 상처로 새겨진 속량이.

이 서창은 종교 개혁주의자들이 사랑했던 것으로, 바오로 서간에 나타난 율법과 복음 사이의 관계를 몇 마디로 요약한 것이다.

다른 특징을 지닌 작품으로는 게오르크 프리드리히 헨델Georg Friedrich Händel(1685~1759년)이 1738년에 작곡한 오라토리오[28] 〈이집트에서의 이스라엘〉을 언급할 수 있다. 이 작품은 탈출기 1, 2, 15장 그리고 시편 78, 105, 106편에서 영감을 받았다. 이 시편은 모두 이집트 탈출을 기억하는 역사 시편이다. 이 작품은 합창 부분이 너무 비중이 커서 처음에는 만족할 만한 성공을 거두지 못했다. 이러한

28 종교상의 이야기 등을 소재로 한 오케스트라 반주의 장대한 합창곡.

연유에서 시대의 취향에 더 잘 부합하도록 부분적으로 재작업이 이루어졌으나 상황이 크게 바뀌지는 않았다. 그러나 낭만주의 시대에 이 오라토리오는 합창 부분이 대중을 애국심으로 고취시키며 큰 인기를 얻었다.

또 다른 작품으로는 〈모세와 파라오〉 혹은 〈갈대 바다의 횡단〉을 들 수 있다. 이 작품은 조아키노 로시니Gioacchino Rossini(1792~1868년)가 작곡한 4막 오페라의 형태를 띤 것으로, 1827년 프랑스 파리에서 초연되었다. 〈이집트에서의 모세〉라는 동일 작곡가의 작품을 각색한 것으로, 이 첫 작품은 1818년 이탈리아 나폴리에서 초연되었다. 이 작품에서 유명한 곡은 아리아 〈당신의 별이 빛나는 왕좌에서〉다. 이 아리아는 '모세의 기도'를 모티브로 하며, 완벽한 기교를 발휘할 수 있는 바리톤만 부를 수 있다.

카미유 생상스Camille Saint-Saëns(1835~1921년)는 1851년경 빅토르 위고Victor Hugo(1802~1885년)의 원안을 바탕으로 한 〈강가에서 구출된 모세〉를 작곡했다. 다음은 1820년에 작곡된 것으로 '이피스'라는 이름의 파라오의 딸이 바구니 속의 아기를 발견하는 순간을 노래한 부분이다.

> 그를 구출하자 …… 아마 한 이스라엘 아기일 것이다.
> 나의 아버지는 그들을 추방한다. 나의 아버지는
> 이토록 순진한 이들을 추방할 정도로 진혹한 분이시니!

이 시는 다음과 같이 기원하며 끝을 맺는다.

> 영원하신 분을 무시할 정도로 교만한 죽을 운명들아,
> 경배하라, 한 요람이 이스라엘을 구원하려 한다.
> 이 요람이 세상을 구할 것이니!

아르놀트 쇤베르크Arnold Schönberg(1874~1951년)가 작곡한 〈모세와 아론〉이라는 작품도 있다. 이 오페라는 1930년과 1932년 사이에 작곡되었으나 미완으로 남아 있다. 이 오페라는 모세가 대변하는 이상과 아론의 비판적이고 실용적인 시각의 날카로운 대립을 한 장면에 담는다. 이 두 입장은 서로를 받아들일 수 없는 것으로 보이는데, 특히 금송아지 장면에서는 더 격해진다. 하느님에 대한 신앙과 법이 요구하는 바는, 무정부주의적이고 히스테리적인 백성의 관습이 되기는 어려운 것이다. 쇤베르크가 이 작품을 완성하지 못한 것에는 작곡가가 이 딜레마에 대한 진정한 해답을 찾지 못했음을 나타내는 표시일 것이다.

그리스도교에서는 파스카 성야 때 행하는 전례 중 빛의 예식 때 부르는 '파스카 찬송Exultet'을 들 수 있다. 이 성가는 중세 그레고리안 성가에 기원을 두는데, 이집트 탈출 체험의 본질을 취하고 또 요약한다. 특히 부활을 선포하는 갈대 바다 횡단의 밤(탈출 14,21-22.24 참조)을 강조한다.

이집트 탈출에서 영감을 받은 모든 음악 작품 중 아프리카계 미국인 노예 영가도 있다. 가장 유명한 것은 〈모세야, 내려가 …… 나의 백성을 내보내라〉로서 탈출기 5장 1절을 주제로 삼았다. 이 노래는 1862년경에 버지니아의 노예들 사이에서 알려져 있었던 것으로 보이고, 이에 따라 미국 남북 전쟁 기간 중 작곡된 것으로 추정된다. 이 작품의 시작 구절은 1872년에 피스크 대학(테네시 주 내슈빌 지역)의 주빌레 싱어즈에서 공개되었다. 이 노래는 폴 로메슨Paul Romeson(1898~1976년)이 부른 버전, 1957년 뉴욕에서 루이 암스트롱Louis Armstrong(1901~1971년)과 '시 올리버 오케스트라'가 1957년에 녹음한 버전으로 유명해졌다.

마지막으로 〈뮤지컬 — 십계The Ten Commandments: The Musical〉를 소개하고자 한다. 이 뮤지컬은 2000년 10월에 프랑스 파리의 '팔레 데 스포츠'에서 초연되어 큰 성공을 거둔 프랑스의 뮤지컬 〈십계Les Dix Commandements〉를 각색한 것으로, 2004년 9월 미국 할리우드의 코닥 극장에서 첫 선을 보였다.

영화에서의 탈출기

영화의 경우에도 우리가 살펴보아야 할 영역은 방대하므로, 대표적인 작품만 살펴보고자 한다. 다음은 탈출기를 배경으로 한 영화의 간략한 목록이다. 〈십계〉(1923년, 세실 B. 드 밀), 〈십계〉(1945년, 조르지오 발터 킬리), 〈십계〉(1956년, 세실 B. 드 밀, 1923년 영화 리메이크), 〈엑소더스〉(1960년, 오토 프레밍거), 〈모세〉(1976년, 지안프랑코 데 보시스), 〈모세와 십계〉(1978년, 찰스 데이비스), 〈모세〉(1995년, 로저 영), 〈이집트 왕자〉(1998년, 사이먼 웰스 외), 〈엑소더스 — 신들과 왕들〉(2014년, 리들리 스콧)이 있다.

여기서 가장 유명한 작품으로는 세실 B. 드 밀 감독의 〈십계〉를 꼽을 수 있을 것이다. 이 영화의 첫 번째 버전은 전체주의 이데올로기가 등장했던 시기에 촬영되었고, 두 번째 버전은 냉전 시기가 한창이던 때에 촬영되었다. 1956년판의 오프닝에서는 현대 사회가 유다교-그리스도교적 세계가 제안한 사상에 무관심하다는 것을 지적한다. 그리하여 제2차 세계 대전이 불러온 공포는 십계명이 인류가 평화롭게 살아갈 수 있는 원칙이라는 사실에 대해 스스로 묻고 성찰하도록 한다.

곧 십계명은 하나의 법이 아니라 '절대적 법칙'인 것이다. 전체주의적인 모습을 띤 이집트 파라오와 유다인들의 자유에 대한 열망을 묘사하는 이 영화의 의도를 파악하는 것은 그리 어려운 일이 아니다. 이와 같은 주제가 다른 영화에서도 적용될 수 있고 실제로 적용되어야 한다. 예컨대 1960년 영화인 〈엑소더스〉도 당시 시대적 현실과 깊게 연관되어 있다. 이것이 의미하는 바는, 적어도 서방 세계에서의 탈출기는 하나의 큰 상징으로 작용한다는 것이다. 곧 누군가가 억압을 말할 때, 노예 상태와 자유의 쟁취에 대한 열망을 말할 때, 사람들이 각각 이와 관련된 다양한 표현을 하는 가운데 이를 해석할 수 있도록 하는 집단적 관념의 상징인 것이다.

맺음말

"길이 곧 목표다." 이 수수께끼 같은 문구는 중국의 현자 노자의 철학을 잘 드러낸다. 중국어 '타오'(道, tao)는 '길'을 의미한다. 이 격언은 탈출기의 본질적 측면을 요약해 주는데, 탈출기는 독자들에게 노예 상태에서 섬김으로의 과정(조르주 오조), 온갖 형태의 노예 상태에서 진정한 형태의 자유로의 여정을 이야기하기 때문이다. 따라서 탈출기는 체계적 교리, 곧 근본적인 도덕률이나 자연법의 목록 등을 제공하려는 책이 아니다. 탈출기는 우리를 '초대'한다. 이스라엘의 하느님의 현존으로, 그분에 대한 섬김으로 이끌며 주체적이고도 행복한 삶을 살도록 하는 본질적인 여정, 이를 성취하는 이스라엘 백성의 모험, 그 경험에 초대하는 것이다.

이 책에서 우리는 폭군에 대한 두려움에서 하느님에 대한 경외로 나아가는 경험을 묘사하고자 시도했다. 이 경험은 필리핀의 작가 호세 리살José Rizal(1861~1896년)의 문장으로 잘 요약된다. "노예가 없는 곳에는 폭군도 없다." 따라서 탈출기의 근본적인 메시지는 다음과 같이 요약할 수 있다. 종들이 노예 정신을 버리지 않는 한, 그들은 계속 폭군을 찾을 것이다. 노예 상태에서 벗어나려면 이집트에서 나오는 것만으로 충분하지 않을 것이다. 정작 이스라엘의 머릿속에서 이집트가 나가야만 할 것이다. 무엇보다 광야에서 불필요한 삶의 태도, 곧 이집트의 부추를 그리워하는 것(민수 11,5 참조)을 그만두어야 할 것이다.

갈대 바다 횡단 이야기는 이스라엘 백성이 모세의 말을 듣고 이집트의 패망을 목격하며 두려움을 극복했을 때, 비로소 자유로 향하는 길을 발견했음을 드러낸다.

또 다른 중요한 메시지는 신학적 성격을 띤다. 이집트 탈출을 이끄신 하느님께서는 단순히 여정의 끝에서 발견할 수 있는 분이 아니라, 이미 목표를 향한 길 위에서 당신 백성과 함께하시는 분이다. 스위스의 한 철도 광고에서 이야기하듯이 "여정은 곧 목표"다. 이스라엘의 진정한 목표는 자유의 길 위에서 그들의 하느님을 따라가는 것이며, 이집트에서 더 멀리 떨어지는 가운데 모든 형태의 인간적 힘을 초월하시는 하느님에 대한 섬김으로 더 가까이 향하는 것이다. 이스라엘 백성에게는 하느님 외에 그 누구도, 이 땅 위에 그 어떤 것도 섬기지 말아야 할 것이 요구되며, 그들은 온갖 형태의 인간적 힘 위에 계신 권능을 향한 섬김에 전념해야 한다.

우리는 이스라엘의 법 제정에 대해서도 살펴보았다. 또한 이스라엘 백성의 광야 체험, 법의 내용, 계약 예식에 담긴 의미도 알아보았다. 탈출기는 이스라엘 종교뿐만 아니라 그리스도교와 이슬람에게까지 많은 영향을 미쳤다. 결론적으로 탈출기는 유럽 문화의 영감의 원천이자, 예술과 문학 등 다양한 분야에서 '거대한 상징'으로 존재해 왔다. 이집트 탈출은 하나의 여정이다. 우리는 그것이 어디에서 시작되었는지 알고 있으나, 어디에서 끝날지 알 수 없다. 이집트 탈출의 목표와 목적은 이집트 탈출 그 자체이기 때문이다.

탈출기에 관한 참고 문헌 목록

탈출기 본문

- Beretta P, *Esodo ebraico, greco, latino, italiano*, testo ebraico della *Biblia Hebraica Stuttgartensia*, traduzione interlineare di C. Doveri, testo greco dei Settanta, ed. Alfred Rahlfs, testo latino della Vulgata Clementina (Bibbia Ebraica Interlineare 2), San Paolo, Cinisello Balsamo 2000.
- Reggi R. *Esodo. Traduzione interlineare in italiano*, EDB, Bologna 2001.

주석서

- Auzou G., *Dalla servitù al servizio. Il libro dell'Esodo*, revisione e aggiornamento bibliografico a cura di G.P.Carminati (Lettura pastorale della Bibbia 3), EDB, Bologna ^{3}1997.
- Boschi B.G., *Esodo. Versione-introduzione-note* (Nuovissima versione della Bibbia 2), Paoline, Roma 1980.
- Childs B.S., *Il libro dell'Esodo. Commentario critico teologico*, traduzione di A. Ferroni (Collezione teologica), Piemme, Casale Monferrato 1995.
- Fretheim T.E., *Esodo*, ediz. Italiana a cura di T. Franzosi(Strumenti Claudiana. Commentari 19), Claudiana,Torino 2004.
- Nepi A., *Esodo, I: Capitoli 1-15; II: Capitoli 16-40. Introduzione e commento* (Davar-Logos-Parola - Lectio divina popolare), Messaggero, Padova 2002-2004.
- Noth M., *Esodo. Traduzione e commento*, traduzione italiana di G. Cecchi, ed. Italiana a cura di G. Odasso (AT 5), Paideia Brescia 1977.
- Priotto M., *Esodo. Nuova versione, introduzione e commento* (I libri biblici. Primo Testamento 2), Paoline, Cinisello Balsamo 2014.
- Ravasi G., *Esodo* (Leggere oggi la Bibbia 4), Queriniana, Brescia ^{6}2001.

- Sacchi A., *Alleanza e decalogo. Esodo 19-40* (La Bibbia nelle nostre mani), San Paolo, Millano 1997.
- Scharbert J., *Esodo* (L'Antico Testamento commentato), Morcelliana, Brescia 2001.

논문, 연구, 에세이, 주제별 신학 및 영성 서적

- Alonso Schökel L., *Salvezza e liberazione: l'Esodo*, traduzione e aggiornamento bibliografico a cura di F.Ruggiero (Epifania della Parola 8), EDB, Bologna 1997.
- Arletti C., *L'Esodo, migrazione di un gregge alla guida di Mosè, in "Chi di voi se ha cento pecore…": il pastore tra Antico e Nuovo Testamento*, a cura di G.Violi, Cittadella, Assisi 2010, 15-30.
- Barbiero G., "Il cammino di fede del giovane Mosè come sintesi dell'esperienza spirituale dell'Esodo", in *Salesianum* 57 (1995), 3-23.
- Barbiero G., *Dio di misericordia e di grazia. La rivelazione del volto di Dio in Esodo 32-34*, Portalupi editore, Casale Monferrato 2002.
- Barsotti D., *Meditazione sull'Esodo* (Bibbia e Liturgia 5), Queriniana, Brescia 1980.
- Bianchi E., *Esodo. Commento esegetico-spirituale*, Qiqajon, Magnano 1987.
- Boschi B.G., *Israele nel deserto. Esodo-Levitico-Numeri. Una storia di liberazione* (La Bibbia nelle nostre mani 26), San Paolo, Cinisello Balsamo 2000.
- Casadel T. (a cura di), *Esodo*, Fara Editore, Santarcangelo di Romagna 1999.
- Davidson M.-T, *Moïse, entre Dieu et les hommes*, Nathan, Paris 2012.
- Ferrari P.L. (a cura di), *Il libro dell'Esodo* (Parole di vita 2), Messaggero, Padova 2012.
- Mazzi E., *La forza dell'Esodo* (La talpa di biblioteca 26), Manifestolibro, Roma 2001.
- Plastaras J., *Il Dio dell'Esodo. La teologia dei racconti dell'Esodo*, Marietti, Torino 1976.
- Spreafico A., *Il libro dell'Esodo* (Guide spirituali all'AnticoTestamento), Città Nuova, Roma 1992.
- Stancari P., *Lettura spirituale dell'Esodo* (Letture bibliche), Borla, Roma 1979.
- Vanhoomissen G., *Cominciando da Mosè. Dall'Egitto alla Terra promessa* (Collana Biblica), EDB, Bologna 2004.
- Vogels W.A., *Mosè dai molteplici volti. Dall'Egitto al Deuteronomio* (Itinerari biblici), Borla, Roma 1999.

탈출기의 역사적, 문화적 맥락

- Assmann J., *Mosè l'egizio. Decifrazione di una traccia di memoria* (Il ramo d'oro 35), Adelphi, Milano 2000.

- Cardellini I., "Esodo…! Quando, Come?", in *Rivista Biblica* 45 (1997), 129-142.
- Cazelles H., *Alla ricerca di Mosè* (Leggere oggi la Bibbia 3.2), Queriniana, Brescia 1982.
- Niccacci A., "Sullo sfondo egiziano di Esodo 1-15", in *Liber Annuus* 36 (1986), 7-43.
- Otto E., *Mosè. Storia e leggenda* (Sintesi), Queriniana, Brescia 2007.
- Otto E. (a cura di), *Mosè: Egitto e Antico Testamento* (Studi biblici 152), Paideia, Brescia 2006.

성경에서의 탈출기

- Panimolle S.A., *Dizionario di spiritualità biblico-patristica. I grandi temi della S. Scrittura per la "Lectio divina", 17: L'Esodo nella Bibbia*, Borla, Roma 1997.
- Rocca P., *Gesù, messaggero del Signore. Il cammino di Dio dall'Esodo al Vangelo di Marco* (Analecta Biblica 213), Gregorian & Biblical Press, Roma 2016.
- Spreafico A., "Il terzo esodo: schemi e immagini", in *Rivista Biblica* 28 (1980), 129-156.
- Spreafico A., *Esodo. Memoria e promessa. Interpretazioni profetiche* (Supplementi alla Rivista Biblica 14), EDB, Bologna 1985.

교부 주석

- Cocchini F., "Le *Quaestiones* di Agostino sull'Esodo: osservazioni storiche, esegetiche, dottrinali", in *Annalidi Storia dell'Esegesi* 5 (1988), 77-95.
- Origene, *Omelie sull'Esodo*, a cura di M. Simonetti, traduzione di M.I.Danieli (Opere di Origene 2), Città Nuova, Roma 2005.
- Panimolle S.A., *Dizionario di spiritualità biblico-patristica. I grandi temi della S. Scrittura per la "Lectio divina", 18: L'Esodo nei Padri della Chiesa*, Borla, Roma 1998.
-Simonetti M., "Le *Quaestiones* di Teodoreto su Genesi e Esodo", in *Annali di Storia dell'Esegesi* 5 (1988), 39-56.

랍비 주석

- Alborghetti P., *In una fiamma di fuoco. Rashi commenta l'Esodo*, Jaca Book, Milano 2011.
- Moro C., *I sandali di Mosè. Storia di una tradizione ebraica* (Studi biblici 167), Paideia, Brescia 2011.
- Rashi di Troyes, *Commento all'Esodo*, a cura di S.J.Sierra, Marietti, Genova 1988.
- Sierra S., "Il commento di Rashì all'Esodo e l'esegesi giudaica medievale", in *Cristianesimo nella storia* 10 (1989), 23-39.

해방 신학

- Pasquetto V., *Mai più schiavi! Aspetti religiosi e sociali del concetto biblico di liberazione*, Edizione Dehoniane, Napoli 1988.
- Walzer M., *Esodo e rivoluzione* (Saggi Universale Economica), Feltrinelli, Milano 2004.
- Walzer M., *All'ombra di Dio. Politica nella Bibbia ebraica* (Introduzione allo studio della Bibbia. Supplementi 57), Paideia, Brescia 2013.